Eine Publikation in Zusammenarbeit mit dem Institut für deutsche Kultur und Geschichte Südosteuropas an der LMU München. Gefördert von der Beauftragten der Bundesregierung für Kultur und Medien.

ikgs
Institut für deutsche Kultur
und Geschichte Südosteuropas
an der LMU München

Gefördert von der Victoria University of Wellington
und der Irene Bollag-Herzheimer Stiftung, Basel

VICTORIA UNIVERSITY OF
WELLINGTON
TE HERENGA WAKA
NEW ZEALAND

1. Auflage 2022

www.editionfaust.de

Lektorat: Monica Tempian, Rick Sahar, Shimon Adaf und Jan Kühne
Satz: Uwe Adam, Adam-Grafik, Freigericht
Druck: TZ-Verlag & Print GmbH, Roßdorf
Printed in Germany
ISBN 978-3-949774-09-6

MANFRED WINKLER

»Noch hör ich deine Schritte«

»עוֹד הוֹלְכִים צְעָדַיִךְ«

Deutsch- und hebräischsprachige Gedichte

Jubiläums-Ausgabe zum hundertsten Geburtstag des Dichters (1922–2022)

Herausgegeben von Monica Tempian und Jan Kühne

editionfaust

Inhalt

Vorwort

Die Herausgabe der deutsch- und hebräischsprachigen Gedichte Manfred Winklers (1922–2014) ist aus einer Zusammenarbeit Dr. Monica Tempians (Victoria University of Wellington) und Dr. Jan Kühnes (Hebrew University of Jerusalem) unter Mitwirkung von Rick Sahar (Victoria University of Wellington) hervorgegangen. Mit diesem Band erfüllt sich der Wunsch des Schriftstellers, Übersetzers und bildenden Künstlers, dass sein literarisches Schaffen einer geneigten Öffentlichkeit zugänglich gemacht werde, aufs Neue. Der im Alter von 92 Jahren in Tsur Hadassa bei Jerusalem verstorbene, aus der Bukowina stammende Dichter hatte wenige Jahre vor seinem Tod der Germanistin und Literaturwissenschaftlerin Monica Tempian schriftlich sein *plein pouvoir* dafür gegeben. Den in der editorischen Notiz ausführlich gewürdigten Hans-Jürgen Schrader, Yvonne Livay und Hans Bergel (1925–2022) ist es hauptsächlich zu verdanken, dass Winklers Nachlass dem Archiv des Instituts für deutsche Kultur und Geschichte Südosteuropas an der LMU München (IKGS) anvertraut wurde und für die wissenschaftliche Bearbeitung seines Werks zur Verfügung steht.

Mit dem vom Südostdeutschen Kulturwerk, der Vorgängereinrichtung des IKGS, herausgegebenen, schmalen Band *Unruhe* wurde eine Auswahl seiner Gedichte im Jahr 1997 erstmals in Deutschland publiziert. In kurzen Abständen folgten die Lyrikbände *Im Schatten des Skorpions* (2006), *Im Lichte der langen Nacht* (2008), *War es unser Schatten* (2010) und

Wo das All beginnen soll (2014) im Rimbaud Verlag. Zwanzig Jahre nach der Erstveröffentlichung erschien Winklers gesamte deutschsprachige Lyrikproduktion in der kommentierten Edition *Haschen nach Wind. Die Gedichte* im Arco Verlag, die Monica Tempian gemeinsam mit Hans-Jürgen Schrader (Université de Genève) besorgt hatte. Brigitte van Kann stellte fest, dass es nun „einen blinden Fleck weniger in der bewegenden Geschichte deutscher Literatur im Ausland" gebe, und konstatierte Winklers Gedichten eine „eigene Farbe im Mosaik deutscher Dichtung" (DLF, 2. April 2018). Gemeinsam mit der Victoria University of Wellington und der Irene Bollag-Herzheimer-Stiftung in Basel konnte das von der Beauftragten für Kultur und Medien institutionell geförderte IKGS *Haschen nach Wind* finanziell unterstützen.

Winklers in vier Einzelbänden und einer umfassenden Anthologie publizierte Lyrik in hebräischer Sprache konnte bei der Herausgabe des deutschsprachigen Lyrikwerks nicht berücksichtigt werden, seine in deutscher und hebräischer Fassung vorliegende Gedichte sind in jener 2017 veröffentlichten Leseausgabe ausgespart geblieben. Darum freue ich mich, dass der vorliegende Band *Noch hör ich deine Schritte. Deutsch- und hebräischsprachige Gedichte*, diesmal in noch engerer Zusammenarbeit, erneut mit der Unterstützung des IKGS sowie der Bollag-Herzheimer-Stiftung und der Victoria University of Wellington bei Edition Faust erscheinen konnte. Als Anlass diente der 100. Geburtstag des im damals rumänischen, heute in der Ukraine gelegenen Putilla (rum. Putila, ukr. Путила) geborenen Lyrikers. Monica Tempian und Jan Kühne haben mit dem vorliegenden Band das mehrsprachige dichterische Schaffen Manfred Winklers mit größtmöglicher Vollständigkeit dokumentiert. Sie haben diesem leidenschaftlichen Mittler zwischen – seinen – Sprachen und Kulturen jenen Platz zugewiesen, der ihm und seinem lyrischen Zeugnis eines bewegten und bewegenden 20. Jahrhunderts zweifellos zusteht.

Florian Kührer-Wielach
Direktor des IKGS

Einleitung

„... ein ferner der immer derselbe ist"
Zu Leben und Werk von Manfred Winkler

„Das Paradox und der Glaube gehören zur Grundlage meines Dichtens und meines Lebens. [...] Licht und Dunkel, Tag und Nacht, Zeit und Ewigkeit – das klingt mir wie Akkorde und Rhythmen, diese seltsam bildschaffenden Wortklänge. Manchmal ziehen sie mich in die Tiefe, ich kämpfe mich mithilfe meiner Verszeilen wieder nach oben, sogar himmelwärts – und falle ebenso oft wieder auf die Erde als unsere letzte Instanz, wie immer wir es drehen und wenden wollen. Die Paradoxa zeugen den Urimpuls des Lebens."[1] – Diese Briefzeilen schrieb Manfred Winkler am 16. März 1996 an den Siebenbürger Schriftstellerfreund Hans Bergel. Sie öffnen den Blick für die Substanz seiner Lyrik, deren Eindrücklichkeit und beseelende Vermittlungskraft aus dem Changieren zwischen Extremen und dem Spiel mit dem Paradox erwachsen. Genau zehn Jahre vorher hatte Winkler in einem Aufsehen erregenden Vortrag über Paul Celans Dichtung an der Universität Haifa vom „Ertasten" gesprochen, das zum Entstehungsimpuls des „seltsamen Phantasiegebildes" namens „Gedicht" gehöre, des weiteren von unbewusst entstehenden Assoziationen „weitausholender Bilder, Gedanken und

1 Manfred Winkler/Hans Bergel, *Wir setzen das Gespräch fort.... Briefwechsel eines Juden aus der Bukowina mit einem Deutschen aus Siebenbürgen*, Berlin: Frank & Timme 2012, S. 79.

Gefühle", von „Gebieten im Dunkeln", „geladen mit Aussichtslosigkeit", von bejahter Schwermut aber auch von „Hoffnungssplittern" und vom Zustand „zwischen Wachen und Träumen", der der Phantasie weiten Raum gewähre.[2] Deutlich sind in solchen Äußerungen die selbstidentifikatorischen Zuschreibungen, die auch in der Thematisierung der Zugehörigkeit zu einer „versunkenen" bukowinischen Literaturlandschaft mitschwingen und Winkler bewogen, von Paul Celan als dem „Freund und Verwandten im Sinne von Gemeinsamkeit der Landschaft, der Vergangenheit und des Schicksals"[3] zu sprechen.

Winklers Lebensgeschichte war geprägt von Flucht, Vertreibung und Emigration, von Übergängen und Grenzüberschreitungen im unruhigen Suchen nach Geborgenheit, Nähe und Gemeinsamkeit, und fortdauerndem Dichten in mehreren Sprachen. Schon im Titel wird dieser Gedanke angeschlagen in dem Gedicht „... ein ferner der immer derselbe ist", der auch unserer Einleitung vorangestellt ist:

Nur einer geht
von der breiten Straße,
aus dem Untergang,
einem vergessenen Gesicht
der Sonne zu [...]

---

2 Manfred Winkler, „Die dichterische Wandlung Paul Celans", in Chaim Shoham/Bernd Witte (Hrsg.), *Datum und Zitat bei Paul Celan. Akten des Internationalen Paul-Celan-Colloquiums Haifa 1986*, Frankfurt/Bern: Peter Lang 1987, S. 49–59. Abgedruckt in Winkler / Bergel, *Briefwechsel*, S. 61-70.

3 Ebd.

Nur einer geht derselbe in sich ein,
der die Tiefen des Himmels
zu ermessen versucht [...]
ein ferner
der immer derselbe ist[4]

Manfred Winkler wurde am 27. Oktober 1922 in der Kleinstadt Putilla/Putila in den Waldkarpaten der Bukowina geboren. Als Sohn eines wohlhabenden jüdischen Rechtsanwaltes erfuhr er die für begabte Landeskinder typische Ausbildung: Mit vierzehn kam er in die Hauptstadt Czernowitz/Cernăuţi, wo er zusammen mit Ukrainern, Polen, Rumänen, Ungarn, Juden und Deutschen aufs Gymnasium ging. Eine der historisch bewegtesten Landschaften Mittelosteuropas, die von 1775 bis 1918 zur Habsburgermonarchie gehörte und 1919 durch den Vertrag von Saint-Germain dem Königreich Rumänien zugeteilt wurde, bewahrte die Bukowina zur Zeit von Winklers Schulausbildung noch den Ruf einer multiethnischen Provinz mit einer besonders intensiven Produktivität des schöpferischen Lebens. Czernowitz, östliches Kulturzentrum und seit 1875 Universitätsstadt, hatte ihr eigenes Kolorit: Eine buntschichtige Stadt, in der sich das deutschsprachige mit dem slawischen, lateinischen und jüdischen Kulturgut durchdrang, was leicht auch in dem Laut- und Bildgefühl der deutschreibenden Czernowitzer Autorinnen und Autoren zu erkennen war. Altjüdisches Volksgut, chassidische Legenden

4 Manfred Winkler, *Haschen nach Wind. Die Gedichte*, hrsg. v. Monica Tempian und Hans-Jürgen Schrader, Wuppertal-Wien: Arco Verlag 2018, S. 21.

und Märchen „lagen in der Luft“[5] und die Literatur entwickelte eine lyrische und epische Blüte, der Czernowitz bis zum heutigen Tag den Ruf einer „Literaturstadt“ verdankt.[6] Mit dem schrecklichen ‚Russenjahr‘ 1940–41 begann jedoch die Verfolgung und Ausrottung der jüdischen Bevölkerung der Bukowina. Damit endeten auch die glücklichen Kinder- und Jugendjahre Manfred Winklers. Seine Eltern samt Bruder und Schwägerin wurden von den Sowjets nach Sibirien deportiert, er selbst wurde von den Rumänen ins transnistrische Arbeitslager verschleppt und erlebte nach der Shoah die Deportation der überlebenden Bukowiner Juden ins kommunistische Rumänien. Die Eltern sah er nicht wieder. „Viele Jahre später“, berichtete Winkler „erfuhr ich, dass sich mein Vater in der Kirgisensteppe, in Kasachstan, das Leben nahm. Auf welche Weise meine Mutter endete, weiß ich bis heute nicht.“[7] Die Erinnerungen an die Mutter durchweben viele seiner Dichtungen.

Nach bleiernen Nachkriegsjahren in Rumänien übersiedelte Winkler 1959 nach Israel, wo er bei Verwandten im Kibbuz Beth Alpha der sozialistisch-zionistischen Bewe-

---

5 Rose Ausländer, *Alles kann Motiv sein*, in *Die Nacht hat zahllose Augen. Prosa*, Frankfurt: Fischer-Tb. Verlag 1995, S. 91.

6 Aus Czernowitz stammen berühmte jüdische Autoren, die zu einem Mythos um ihren Geburtsort beitrugen, darunter Paul Celan, Rose Ausländer, Immanuel Weißglas, Alfred Kittner, Moses Rosenkranz, Selma Meerbaum-Eisinger und der bedeutendste jiddische Lyriker Itzig Manger. George Guţu/Peter Motzan/Stefan Sienerth (Hrsg.): *Die Buche. Eine Anthologie deutschsprachiger Judendichtung aus der Bukowina.* Zusammengestellt von Alfred Margul-Sperber. München: IKGS 2009. Siehe auch Peter Rychlo/Oleg Liubkivskyj (Hrsg.), *Literaturstadt Czernowitz*, Černivci: Bukowina-Zentrum 2007.

7 Manfred Winkler/Hans Bergel, *Die Verweigerung der Negativität*, Berlin: Frank & Timme 2016, S. 25.

gung Haschomer Hatzair [Der junge Wächter] Unterricht in der Sprache der neuen Heimat nahm und sich in kürzester Zeit auch dichtend dem Hebräischen zuwandte. Schon nach einem halben Jahr erhielt er den ersten Preis für Dichtung beim Wettbewerb des Israelischen Unterrichts- und Kultusministeriums und kam als gefeiertes „Wunderkind der hebräischen Sprache" an die Jerusalemer Universität, wo er 1959–63 hebräische und jiddische Literatur studierte. Nach dem Studienabschluss leitete Winkler bis 1981 das Jerusalemer Herzl-Archiv und betreute als Lektor und Mitarbeiter der Redaktion die Edition des Herzl-Nachlasses.[8] Zugleich wirkte er als freier Schriftsteller, Literaturkritiker, Übersetzer, Maler und Bildhauer.

In den 1960er Jahren trat der Lyriker Winkler für eine kurze Zeit hinter dem Redakteur und besonders hinter dem Übersetzer in den Schatten. Der gehörte zu den ersten, die Paul Celans Gedichte ins Neuhebräische übersetzten. Im Herbst 1969 hatte er beim einzigen Besuch Celans in Israel Gelegenheit, als Übersetzer aufzutreten und die Moderation von Celans Lesung im Jerusalemer Journalistenhaus (Beth Agron) am 9. Oktober zu übernehmen. Eine Summe seiner übersetzerischen Beschäftigung erschien 1983 in dem Band שושנת האין [Die Niemandsrose] (erweiterte Ausgabe 1988). Den Celan-Übersetzungen schlossen sich Übersetzungen aus dem Hebräischen ins Deutsche (Dan Pagis, Jehuda

8 Bspw. Theodor Herzl, *Briefe und Tagebücher*, 1.-7. Band *Zionistisches Tagebuch 1895-1899*, hrsg. v. Alex Bein. Bearbeitet von Johannes Wachten [und] Chaya Harel in Zusammenarbeit mit Daisy Ticho, Sofia Gelman, Ines Rubin, Manfred Winkler. Berlin, Frankfurt a.M./Wien: Propyläen 1984-1997.

Amichai, Tuvia Rübner, Chedwa Harechawi, Israel Eliraz, Yehuda Horam, Lea Goldberg, David Rokeach, Aba Kovner, Elazar Benyoetz u.v.a.) wie auch aus dem Jiddischen, Rumänischen, Ukrainischen und Russischen an.

Durch seine Übersetzungen wie auch durch seine mehrsprachigen Dichtungen wurde Winkler zum fruchtbaren Lyrikvermittler zwischen den Sprachen. Obwohl er bis 1983 – nach drei deutschen Publikationen in Rumänien (*Tief pflügt das Leben,* 1956; *Fritzchens Abenteuer*, 1958; *Kunterbunte Verse*, 1958) – ausnahmslos in hebräischer und englischer Sprache veröffentlichte, blieb Winkler doch parallel dazu, oft auch im phasenverschobenen Hin und Her zwischen beiden Sprachen oder aber in spontanen Selbstübersetzungen, dem Dichten in der deutschen Sprache nah. Die Anregung, deutsch zu schreiben, erhielt einen entscheidenden Anstoß durch den regen Kontakt zum 1986 gegründeten Jerusalemer LYRIS-Dichterkreis (LYRIS ist ein Kürzel für Lyrik in Israel), dem letzten literarischen Salon mittelosteuropäischer Lyriker und Lyrikerinnen, dem u.a. Ilana Shmueli, Eva Avi-Yonah, Annemarie Königsberger, Yvonne Livay, Magali Zibaso und Chaim Schneider zugehörten. Dank des Einsatzes seines als Schriftstellerkollege schon 1956 bekannt gewordenen Freundes Hans Bergel erreichten Winklers deutsche Gedichte nach 1997 auch das deutsche Lesepublikum.

„Die Hände runden eine lange Geschichte / zerlegen sie in Einheiten des Schattenraums",[9] schreibt Winkler in dem Gedicht „Zwei Obrigkeiten hörig (Poesie und Plastik)".

---

9 Im vorliegenden Band, S. 154

Noch im hohen Alter waren die bilderschöpfenden Einfälle des malenden Dichters oder dichtenden Malers unerschöpflich. In seiner „jemenitischen Burghöhle“, einem winzigen Atelierzimmer hinter der King-George-Straße in Jerusalem, widmete er sich ausdrucksstark der Malerei und Bildhauerei – seine expressiven, laokoontisch verschlungenen Tonskulpturen, wie auch seine skurrilen Figurinen und Ölgemälde, die oft zerfallende Pflegeorte der kabbalistischen Tradition abbilden und an Chagall erinnern, sind Ausdruck seiner nie zum Stillstand gekommenen Wandlungsfähigkeit. Die Stadt Jerusalem widmete ihm 2003 die von Chedwa Harechawi und Ariel Hirschfeld in der City Gallery kuratierte Ausstellung נִפְתּוּלִים [Verflechtungen], zu der auch ein bildreicher Katalog herauskam. Dass er in den letzten Jahrzehnten seines Lebens erstmals auch als gewichtige Stimme im Chor der deutschschreibenden Autorinnen und Autoren Israels wahrgenommen wurde, belegen die Verleihung des Preises des Israelischen Ministerpräsidenten für Lyrik (1999) und seine Berufung in das PEN-Zentrum (2008).

Als Manfred Winkler am 12. Juli 2014 im Alter von zweiundneunzig Jahren in Jerusalem starb, lagen acht Lyrikbände in deutscher Sprache vor, weitere vier Einzelbände und eine umfassende Anthologie in hebräischer Sprache sowie zwei Bände in englischer Übersetzung, weiterhin zahlreiche Selbstübersetzungen und Übersetzungen – ein umfangreiches Werk, das die Widersinnigkeiten einer (nicht nur für einen jüdischen Dichter) katastrophalen Zeit und die Bruchlinien beinahe des ganzen 20. Jahrhunderts spiegelt. Den hebräischen Gedichten in den Bänden שירים [Gedichte]

1965, בין אצבעות העיר [Zwischen den Fingern der Stadt] 1970, *עפר בעמות* [Staub in Konfrontation] 1979, *בצל העקרב* [Im Schatten des Skorpions] 1988, und dem von Winkler selbst als große Werkauswahl konzipierten Band ספירה לאחור - *Count Down. Selected Poems* 1960-2000 [Rückwärts zählend. Ausgewählte Gedichte 1960-2000] 2000, und ihren deutschen Übertragungen und Bearbeitungen merkt man den Ort ihrer Entstehung an – die biblische Stadt Jerusalem, von der Winkler auf eine Geschichte zahlreicher Verluste und Vertreibungen zurückblickt. Die erinnernde Evokation der multikulturellen, mehrsprachigen bukowinischen Herkunftsregion, die das „Verdunklungsgeschehen" der Shoah ausgelöscht hat, in Verbindung mit dem neuen Heimatfinden im „Altneuland" vor dem Hintergrund der ersten und zweiten Intifada, ist Winkler über abgerissene Traditionen hinweg zum lebenslangen Auftrag geworden. Dabei ist die kultur- und allgemeingeschichtliche Bedeutung seiner Lyrik nicht allein in der Zeitzeugenschaft zu den traumatischen Geschichtsereignissen der Shoah und den traumatischen Folgewirkungen des jüdisch-arabischen Konfliktes zu erblicken, sondern auch in der hochkarätigen Qualität von mehrsprachiger Literatur aus mittelosteuropäischen und schließlich orientalischen Lebenswelten und Erfahrungsräumen. Das Ineinandergreifen und die wechselseitige Durchdringung entfernter Geistestraditionen macht die Faszination der Winklerschen Gedichte aus.

Beide Sphären der bukowinischen Herkunftsregion und der orientalischen Neuheimat wusste der Lyriker auch sprachlich meisterhaft zu verbinden durch das symbiotische Zusammenspiel des mehrsprachig geprägten deutschen Idioms der Bukowina und des neu erlernten Ivrith. Die textübergreifende Mehrsprachigkeit bedeutete Winkler ein Gefühl von neu gewonnener Freiheit und die Vorstellung, mehrere Sprachidentitäten haben zu können, wurde als Bereicherung und Gewinn bewertet: „Ich führe eine doppelte Existenz, in Deutsch und in Hebräisch. Deutsch und Hebräisch treffen und ergänzen sich in mir."[10] Damit bewahrt die sprachlich wie von den Sujets her divergente Kulturbezüge integrierende Lyrik Manfred Winklers die Möglichkeit jener Sphäre Czernowitzer Existenz, der Multikulturalität attestiert wird. Seine Gedichte sind als dialogisch zu bezeichnen, eine Dialogizität, die den Dichter mit sich selbst wie auch mit zahlreichen anderen Dichtern und Kulturen ins Gespräch treten lässt, und Dichotomien zugunsten eines Austausches und einer in Situationen des Kulturkontaktes hinzugewonnenen Öffnung auf Neues, wechselseitig Befruchtendes, zurückweist. Winkler war es wahrlich daran gelegen, eine Literatur in Israel zu schaffen, die die Hoffnung auf einen Dialog der Kulturen freisetzt. Es wäre und ist wohl schwerlich möglich, sich dem „Sog" dieser Länder-, Kulturen- und Sprachengrenzen transzendierenden Literatur zu entziehen oder gar in Gleichgültigkeit zu verharren.

Monica Tempian

10 Dorothee Wahl, *LYRIS. Deutschsprachige Dichterinnen und Dichter in Israel*, Frankfurt: beerenverlag 2004, S. 109.

I. Gedichte der hebräischen Anfänge in zweisprachiger Fassung

Gedichte

שירים

1965

Sonne mit weichen Händen
und Lichthaaren:
Sonne, die in mich,
im Westen, versinkt.
Ich bin unruhig. Der Tag
lässt durchsichtige Wolken
auf meine Stirn fallen,
er lässt lange Lebensjahre fallen
wie Augenblicke der Phantasie.
Ich bin unruhig alle Abendstunden
pochen in meinem Herzen,
alle Nachtstunden decken
meine Mutter allmählich zu.

Nachdichtung aus dem Hebräischen (Februar 1965)

שֶׁמֶשׁ בְּיָדַיִם רַכּוֹת
וְשַׂעֲרוֹת־אוֹר:
שֶׁמֶשׁ הַשּׁוֹקַעַת אֶל קִרְבִּי
בַּמַּעֲרָב.
אֵינֶנִּי שָׁקֵט. הַיּוֹם
מַשִּׁיר עֲנָנִים שְׁקוּפִים
עַל מִצְחִי,
הוּא מַשִּׁיר שְׁנוֹת חַיִּים אֲרֻכּוֹת
כְּמוֹ רִגְעֵי־דִמְיוֹן.
אֵינֶנִּי שָׁקֵט – כָּל שְׁעוֹת הָעֶרֶב
פּוֹעֲמוֹת בְּלִבִּי,
כָּל שְׁעוֹת הַלַּיְלָה מְכַסּוֹת לְאַט
אֶת אִמִּי.

פֶּבְּרוּאָר 1965

Wie eine graue Muschel …

Wie eine graue Muschel schließt mich Abend ein,
bin am Ufer verlassen, Wellen lecken an meinen Beinen
und an meinem gelockten Haar aus der Kindheit guten
Tagen.
Ich war König im Lande der Zwerge und einer Prinzessin
Sklave
im Reiche weichherziger Riesen. Saß auf der Schwelle, die
mein Haus gewesen,
im Abendwerden von Traum bedeckt; meine Mutter webte
die langen Linnen
ihrer Gedanken für den Frühling der Söhne, zu verschiedenen
Zeiten erblüht.
Wie eine schwarze Muschel schließt mich ein die Nacht.
Fische lecken von meinem Fleische.

Aus dem Hebräischen vom Autor

הָעֶרֶב נִסְגַּר עָלַי כְּמוֹ קוֹנְכִית אֲפֹרָה,
נִשְׁכַּחְתִּי בַּחוֹף, גַּלִּים לוֹחֲכִים אֶת צְעָדַי
וְאֶת רָאשֵׁי הַמְּתַלְתָּל מִימֵי יַלְדוּת טוֹבִים.
הָיִיתִי מֶלֶךְ בְּאֶרֶץ הַגַּמָּדִים וְעֶבֶד לִנְסִיכָה
בְּמַלְכוּת הַנְּפִילִים רַכֵּי־הַלֵּב. יָשַׁבְתִּי עַל סַף, שֶׁהָיָה בֵּיתִי,
בַּעֲרֹב־יוֹם, עֲטוּי חֲלוֹם; אִמִּי טָוְתָה בַּדֵּי מַחֲשָׁבָה
אֲרֻכִּים לִקְרַאת אֲבִיב בָּנֶיהָ, הַנִּבְקָע בְּמוֹעֲדִים שׁוֹנִים.
הַלַּיְלָה נִסְגָּר עָלַי כְּמוֹ קוֹנְכִית שְׁחוֹרָה,
דָּגִים לוֹחֲכִים אֶת בְּשָׂרִי.

1963

Liebesgedicht vom Anfang der Tage

Noch bevor ich erschaffen zogen deine Augen
zur fernen Insel ohne Stundenzeiger hin.
Dort weilte schon mein Innen,
in Landschaft der Begegnung versunken,
unendliche Zeiten bevor ich
Frühling gesehen und der Bäume Herbst.
Deine Augen aber, zwei Signale des Lichtes,
kerbten meine Augen ins Bildnis des Morgens.

Nachdichtung aus dem Hebräischen

שיר אהבה לראשית הימים

טֶרֶם נִבְרֵאתִי נִגְרְפוּ עֵינַיִךְ
אֶל אִי רָחוֹק לְלֹא מְחוֹגִים.
שָׁם שָׁקַט כְּבָר קִרְבִּי,
שָׁקוּעַ בְּמַרְאוֹת הַמִּפְגָּשׁ
עִתִּים לְלֹא סְפֹר טֶרֶם
אֶרְאֶה אָבִיב וּסְתָו לָאִילָן,
וְעֵינַיִךְ, שְׁנֵי אוֹתוֹת אוֹר –
חָרְתוּ אֶת עֵינַי בְּצֶלֶם הַבֹּקֶר.

1963

Du sollst ruhen

Ruhe wie die Schatten ruhen
auf dem Dach und neben dem Fenster,
unter den dünnblättrigen Bäumen.
Du bist stets mit mir, der Abend erlaubt meiner
Seele eine fremde zu sein.
Und ich bin mit mir selber bis in den Schmerz –
der höhnende Engel zieht an mir vorbei.

Ruhe, und ich werde kommen
zu den glückvollen Fichten
werde mein Schicksal auf Händen tragen –
Geschenk und Fluch.
Ein Gesicht sah ich auf der Wasserfläche des Sees
dein oder mein?

Ich bin wie ein gebeugtes Schilfrohr, vor dem Brechen
und der Wind kommt und der Regen sprüht.
Bald wird auch der Baum bleichen.
Bald werden sich meine Hände entfremden.
Und aus dem Licht wird dein Gesicht
in ein anderes Licht steigen.

נוּחִי, כַּאֲשֶׁר נָחִים הַצְּלָלִים
עַל הַגַּג וּלְיַד הַחַלּוֹן,
מִתַּחַת לָעֵצִים דַּקֵּי־הֶעָלִים.
אַתְּ תָּמִיד אִתִּי, הָעֶרֶב מַתִּיר לְנַפְשִׁי
לִהְיוֹת נֶפֶשׁ זָרָה,
וַאֲנִי עִם עַצְמִי עַד כְּאֵב –
הַמַּלְאָךְ הַלּוֹעֵג עוֹבֵר לְיָדִי.

נוּחִי, וְאָבוֹא
אֶל הָאֳרָנִים טוֹבֵי־הַמַּזָּל,
עַל יָדַי אֶשָּׂא אֶת גּוֹרָלִי –
שַׁי וּקְלָלָה.
פָּנִים רָאִיתִי עַל פְּנֵי הָאֲגַם,
שֶׁלָּךְ אוֹ שֶׁלִּי?

אֲנִי קְנֵה־סוּף הַשַּׁח, טֶרֶם נִשְׁבַּר,
וְהָרוּחַ בָּאָה וְהַגֶּשֶׁם נִתָּז.
עוֹד מְעַט וְיַלְבִּין הָעֵץ,
עוֹד מְעַט וְתִתְנַכֵּרְנָה יָדַי,
וּמִן הָאוֹר תֵּצֶאנָה פָּנַיִךְ
אֶל אוֹר אַחֵר.

1963

Deine weißen Brüste

Deine weißen Brüste
sind sehr ergelbt
im Mondeslicht.
Deine Brüste, klein wie Fäuste,
sprießen aus meiner Hand
wie zwei große Blumen.
Doch du sagtest kein Wort.
Nur dein Schweigen trat aus dem Haus
ins dünne Morgengrauen;
bald, bald, und wir werden
fern voneinander sein,
mit hellen Flügeln aus Wind.
Aber das gescheckte Herz von dem Schatten des Lichtes
wird des Verzichtes lange
Wanderung bestehn.
Deine kleinen Brüste sprießen seither
aus meiner Hand
wie zwei entschwundene Blumen.

Aus dem Hebräischen vom Autor

שָׁדַיִךְ הַלְּבָנִים
הִצְהִיבוּ מְאֹד
בְּאוֹר הַלְּבָנָה.
שָׁדַיִךְ הַקְּטַנִּים
כְּאֶגְרוֹפִים צָמְחוּ בְּכַפּוֹת יָדַי
כִּשְׁנֵי פְּרָחִים גְּדוֹלִים
וְלֹא אָמַרְתְּ מִלָּה.
הַשְּׁתִיקָה יָצְאָה מִן הַבַּיִת
אֶל אַפְרוּרֵי הַבֹּקֶר;
עוֹד מְעַט – נִהְיֶה שְׁנֵי פְּסָלִים,
רְחוֹקִים זֶה מִזֶּה עִם
כְּנָפַיִם שְׁקוּפוֹת בָּרוּחַ.
וְהַלֵּב הַמְנֻמָּר מִצִּלְלֵי הָאוֹר
יִלְמַד אֶת הַנְּדוּדִים הַגְּדוֹלִים
שֶׁל הַוִּתּוּר.
שָׁדַיִךְ הַקְּטַנִּים צוֹמְחִים מֵאָז
בְּכַפּוֹת יָדַי
כִּשְׁנֵי פְּרָחִים נֶעֱלָמִים.

1965

Zwischen den Fingern der Stadt
בין אצבעות העיר

1970

Noch hör ich deine Schritte

Noch hör ich deine Schritte in der Stadt,
lichtentblößt
von eh und je. Sie
zerreißen die Nacht der Gedanken
und Splitter aus Dunkelheit.
Wir saßen nie beisammen
zu lauschen um Mitternacht dem Verstummen der Sagen.
Deine Lippen wie reife, blutsüße Orangenscheiben
wurden nicht meiner Lippen Trost.
Andere kannten sie doch,
die kleinen Schritte eines Echos,
ohne das Warten
auf Abendglocken,
ohne den Durst und den roten Hunger.
Du bist noch in mir da ich dich
deines letzten Kleides entkleide.
Nehme flatternde Gedanken zur Hand
wie Storche und Spatzen.
Von Tag zu Tag wirst du mir ferner,
meine Gedanken sind Storche und Spatzen
auf den langen Wiesen und Wegen.

עוד הולכים צעדיך

עוֹד הוֹלְכִים צְעָדַיִךְ בָּרְחוֹב
חֲשׂוּפֵי־אוֹר
מִתְּמוֹל־שִׁלְשׁוֹם –
קָרְעוּ אֶת הַלַּיְלָה לְהִרְהוּרִים
וּלְבִתְרֵי אֲפֵלָה.
מֵעוֹלָם לֹא יָשַׁבְנוּ יַחַד,
הִקְשַׁבְנוּ לְסִפּוּרִים הַשּׁוֹקְטִים עִם חֲצוֹת.
שְׂפָתַיִךְ, פִּלְחֵי־תַּפּוּז בְּשֵׁלִים
וּמְתוּקֵי־דָּם, לֹא הָיוּ נֶחָמָה לִשְׂפָתַי.
אֲחֵרִים יְדָעוּךְ –
צְעָדַיִךְ הַקְּטַנִּים שֶׁל הֵד,
אַךְ לֹא חִכּוּ לְפַעֲמוֹנֵי הָעֶרֶב
בְּצִמָּאוֹן וּבְרָעָב אָדֹם,
עַד שֶׁהָפְכוּ עַצְמָם עֶרֶב.
אַתְּ בְּתוֹכִי וַאֲנִי מַפְשִׁיט
אֶת בְּגָדַיִךְ הָאַחֲרוֹנִים,
לוֹקֵחַ בְּיָדַי מַחֲשָׁבוֹת מִתְעוֹפְפוֹת
כַּחֲסִידוֹת וְאַנְקוֹרִים.
מִיּוֹם לְיוֹם אַתְּ רְחֵקָה יוֹתֵר,
מַחְשְׁבוֹתַי הֵן חֲסִידוֹת וְאַנְקוֹרִים.

Du und ich

Ich bin allein, da du mit Sonne in mein Hotel-von-heute
kommst,
beleuchtest meines Gesichtes einsame Insel,
verscheuchst Runzeln der Nacht, die ein Traum vertieft.
Kommst mit dem Olivenzweig wie Taube und andere Vögel
weißbeflügt,
während ich von Gedanken zu Gedanken schreite
auf dem Sprungbrette der Vernunft, zerstöre
den letzten Rest der Ruhe in mir mit des Zweifels Dolchen,
begehre die Schönheit der Nebel –
deine dunkle Zeder wird bekleidet mit Gewändern aus Grau.
Du kommst in mein Hotel-von-heute mit gestrigen Ängsten,
dein Blick springt von Flügeln der Augen mit jäher Plötz-
lichkeit,
dringt in Altersringe – tausend Jahre ruhen im Herzen der
Zeder.
Sprichst: mein Himmel ist der Erde nah, die Erde ist ganz
Himmel.
Sprichst von Dingen, die man nicht berühren soll,
vom Schweigen, das verborgen in Fingern der Stadt,
Schweigen über dem Fenster, meine Fluchten mit Farben
des Regenbogens verwebt.
Manchesmal schimmert Asche im Sonnenuntergang der
Gebeine von 1940 und ...
Bleichheit der Knochen eines Befreiungskrieges an den wir
denken,

את ואני

אֲנִי לְבַדִּי, וְאַתְּ בָּאָה עִם שֶׁמֶשׁ לְבַקֵּר בִּמְלוֹנִי־שֶׁל־הַיּוֹם,
וְאַתְּ בָּאָה לְהָאִיר אִי בּוֹדֵד עַל פָּנַי,
לִרְדֹּף אֶת קִמְטֵי הַלַּיְלָה שֶׁהֶעֱמִיקוּ חֲלוֹם.
אַתְּ בָּאָה עִם עָנָף שֶׁל זַיִת כְּמוֹ יוֹנָה, עִם צִפֳּרִים לִבְנוֹת־הַכָּנָף,
וַאֲנִי הוֹלֵךְ מֵהִרְהוּר אֶל הִרְהוּר עַל קַרְשֵׁי־קְפִיצָה שֶׁל הַתְּבוּנָה,
הוֹרֵס אֶת שֶׁמֶץ הַמְּנוּחָה הָאַחֲרוֹן שֶׁבִּי בְּכִידוֹן הַסָּפֵק,
גּוֹרֵס אֶת יְפִי הָעַרְפִלִּים הַמַּלְבִּישׁ
אֲרָזַיִךְ הַכֵּהִים בִּגְלִימוֹת שֶׁל אָפֹר.
אַתְּ בָּאָה אֶל מְלוֹנִי־שֶׁל־הַיּוֹם בַּחֲשָׁשׁוֹת שֶׁל אֶמֶשׁ.
מִכַּנְפֵי הָעֵינַיִם עוֹלֶה מַבָּט, פִּתְאֹמִיּוּת רַבָּה שֶׁל מַבָּט –
לַחְדֹּר אֶל טַבְּעוֹת־הַגִּיל, אֶלֶף שָׁנִים שָׁכְבוּ בְּלֵב הָאֶרֶז.
"שָׁמַי קְרוֹבִים לָאֲדָמָה", אָמַרְתְּ. "הָאֲדָמָה כֻּלָּהּ שָׁמַיִם", אָמַרְתְּ.
דְּבָרִים שֶׁלֹּא יֵאָמְרוּ אָמַרְתְּ – שְׁתִיקוֹת צְפוּנוֹת בֵּין אֶצְבְּעוֹת הָעִיר,
שְׁתִיקוֹת מֵעֵבֶר לַחַלּוֹן הַמְּפַסְפֵּס אֶת בְּרִיחוֹתַי בְּצִבְעֵי הַקֶּשֶׁת.
לִפְעָמִים מְשַׂחֵק הָאֵפֶר בַּשְּׁקִיעָה, אֵפֶר הָעֲצָמוֹת שֶׁל 1940 וְ...
חִוְרוֹן הָעֲצָמוֹת שֶׁל מִלְחֶמֶת־מָגֵן, וְאָנוּ נִזְכֹּר אוֹתָם, אֶת כֻּלָּם, כְּמוֹ אָבוֹת.
גַּם הַפְּרִי בְּיָדֵךְ נִפְגַּע מֵרַעְיוֹנוֹת וְאֵינוֹ מַבְטִיחַ עוֹד דָּבָר מִחוּץ לְעַצְמוֹ.
כָּל זֶה כְּבָר הָיָה לְפָנִים וּלְפָנַיִךְ – אֱמֶת וָשֶׁקֶר, הַפְּרִי וַאֲנִי,
אַךְ לֹא הָרֶגַע הַזֶּה, הָרֶגַע הַזֶּה כֻּלּוֹ שֶׁלָּךְ,
הָרֶגַע הַזֶּה כֻּלּוֹ מַשָּׁק אֶל־מֵעֵבֶר. גַּלִּים גּוֹרְרִים אוֹתָךְ אֶל
יְפִי הָאַצּוֹת הַמֻּזְהָבוֹת, כְּלִי דִּמְיוֹן לְאִי בּוֹדֵד בָּאוֹקְיָנוֹס הַשָּׁקֵט,
כֻּלָּךְ חֲבַצֶּלֶת־הַשָּׁרוֹן בַּחוֹלוֹת, שׁוֹשַׁנַּת־הַסַּמִּים שֶׁאֵינָהּ סוֹלַחַת רֶגַע שֶׁל הַקַּיִץ.

dessen wir gedenken, wie Väter. Auch der Apfel in deiner
Hand
ist von Ideen angestochen und verspricht nichts, außer sich
selbst.
All das war schon einmal, vor dir, Wahrheit und Lüge, der
Apfel und ich.
Aber nicht dieser Augenblick, der ganz und gar dein,
dieser Augenblick wie ein Schwingen hinüber. Wellen neh-
men dich mit
zur Schönheit vergoldeter Algen. Ich bin ganz Phantasie
einer
einsamen Insel im Stillen Ozean. Du bist ganz die Lilie von
Scharon
in den Dünen, Rose der Gifte, die nie verzeiht den nüchter-
nen Augenblick des Erwachens.

Aus dem Hebräischen vom Autor

Herbst

Den Herbst ergreifen mit
bleichen Händen eines Arbeiters,
dass er werde reife Frucht
in der Stube meiner Liebsten,
die, noch immer naiv, Wunder
erster Puppen begehrt.
Ihn dann wie eine Flagge
fortzuwerfen,
in des Regens Grauwetter,
Anemone und Schierling pflanzen
aufs Tor des nahen Winters.
Meine Liebste verlässt jetzt
ihre letzten Puppen und
der Regen pocht ununterbrochen.
Von des Windes Scheiben fallen
Perlen auf die Stadt.
Wir sind ermahnt an
dunkle Wege der Seele.
Regen pocht, wie der zweite
und dritte Geliebte meiner Liebsten,
an die Tür.

Aus dem Hebräischen von Manfred Winkler

סתו

לְטֹל אֶת הַסְּתָו בְּיָדַיִם
שֶׁל פּוֹעֵל חִוֵּר
וּלְהָפְכוֹ לִפְרִי בָּשֵׁל
בַּחֲדַר אֲהוּבָתִי הַתְּמִימָה,
הָאוֹהֶבֶת עֲדַיִן לִטְעֹם אֶת רָזֵי
הַבְּכוֹת הָרִאשׁוֹנוֹת.
לְהַשְׁלִיכוֹ
כְּמוֹ דֶּגֶל אֶל
סַגְרִירֵי הַגֶּשֶׁם הָאָפֹר.
לְהַצְמִיחַ כַּלָּנִיָּה וְלַעֲנָה
בְּשַׁעֲרֵי הַחֹרֶף הַקָּרֵב.
אֲהוּבָתִי נוֹטֶשֶׁת כָּעֵת בְּחֶדְרָהּ אֶת
בְּכוֹתֶיהָ הָאַחֲרוֹנוֹת,
וְהַגֶּשֶׁם מַקִּישׁ, בְּלִי הֶרֶף.
מִשְׁמְשׁוֹת הָרוּחַ נוֹשְׁרוֹת פְּנִינִים
עַל הָעִיר, אֲשֶׁר מַזְכִּירָה לִי
דְּרָכִים אֲפֵלוֹת שֶׁל הַנֶּפֶשׁ.
הַגֶּשֶׁם מַקִּישׁ,
כְּמוֹ הָאָהוּב הַשֵּׁנִי וְהַשְּׁלִישִׁי
שֶׁל אֲהוּבָתִי, בַּדֶּלֶת.

Affe im Auslagefenster

Stets sitzt er im Auslagefenster der Stadt,
wir schauen einander an, finden aneinander Gefallen
sozusagen. Aus derselben Welt kommt er, ich geh
ihr entgegen, Welt aus Lianen und Mahagonigestamm. Der
Wald
kann uns nichts mehr anhaben. Er blickt um sich mit
übertriebener Wachsamkeit, Traurigkeit von Gittern um-
geben,
die eine gestreifte Welt durchbricht.
Er sieht mich bald als Wolke schweben, die Wachturm und
Trauerferne durchspießt. Er weint, seine Tränen
seh ich aus meinen Augen blinken, er spielt mit Perlen,
streckt mir langbenagelte Kinderhände entgegen, und dann
eine brennende Hinterfront, als würde er lachen über sich
selbst. Man ruft ihn Mingo, Manfred oder Ariel,
er ist traurig wie ein Abend am Äquatorkreis.
Plötzlich schnellt er empor, und über alle Scheiben,
die seine kleine Welt umgeben, tritt er aus der
Durchsichtigkeit hinaus – schreit in meine offenen
Finger aus Schnee und Bernstein, sein Lachen ist
hochaufgerissen zum blauen Himmel hin über mir, wie eine
scharfe Klinge ohne Erlösung.

Aus dem Hebräischen vom Autor

קוף בחלון הראוה

תָּמִיד הוּא עוֹמֵד בְּחַלּוֹן־הָרַאֲוָה שֶׁל הָעִיר;
אָנוּ מִסְתַּכְּלִים זֶה בָּזֶה,
נֶהֱנִים זֶה מִזֶּה לִכְאוֹרָה,
מֵאוֹתוֹ עוֹלָם הוּא בָּא וַאֲנִי הוֹלֵךְ אֵלָיו –
עוֹלָם שֶׁל עֲבוֹתוֹת וְגִזְעֵי מַהֲגוֹן, הַיַּעַר
אֵינוֹ מַפְרִיד עוֹד בֵּינִי וּבֵינוֹ.
הוּא מִסְתַּכֵּל בִּי בְּעֵרָנוּת מֻפְרֶזֶת,
עַצְבוּת כְּבוּלָה לְסוֹרְגִים
עוֹמֶדֶת לִפְרֹץ עוֹלָם מְנֻמָּר. בְּעֵינָיו
הוֹפֵךְ אֲנִי אֹפֶק עֲנָקִי,
מִגְדַּל שְׁמִירָה – דּוֹקֵר נוֹפִים שֶׁל אֵבֶל.
הוּא בּוֹכֶה,
אֶת דִּמְעוֹתָיו רוֹאֶה אֲנִי
קוֹרְנוֹת בְּעֵינַי.
הוּא מְשַׂחֵק עִם פְּנִינִים,
מוֹשִׁיט אֵלַי יָדַיִם מֻכָּרוֹת
בְּאֶצְבָּעוֹת מְצֻפָּרְנוֹת שֶׁל יֶלֶד,
וְאַחַר כָּךְ הוּא מַפְנֶה אֵלַי אֶת
חֲזִיתוֹ הַבּוֹעֶרֶת, כְּמוֹ מִתְלוֹצֵץ עַל עַצְמוֹ.
קוֹרְאִים לוֹ מִינְגוֹ, מַנְפְּרֶד אוֹ אֲרִיאֵל,
הוּא עָצוּב כְּמוֹ עֶרֶב עַל קַו הַמַּשְׁוֶה,
הוּא עָצוּב כְּמוֹ עֶרֶב עַל קַו הַמַּשְׁוֶה, לְפֶתַע הוּא
קוֹפֵץ מֵעֵבֶר לְכָל הַחַלּוֹנוֹת
הַסּוֹבְבִים אֶת עוֹלָמוֹ;
יוֹצֵא מִשְּׁקִיפוּתוֹ – זוֹעֵק
בֵּין אֶצְבְּעוֹתַי הַפְּתוּחוֹת כְּשֶׁלֶג שֶׁל עַנְבָּר,
צְחוֹקוֹ נִפְעָר אֶל זְגוּגִית הַשָּׁמַיִם – מֵעָלַי.

Vor Dantes Bildnis

Die Freude des Lichtes und der Brüste
zur Nacht – wer sich ihnen entzieht, wird
zu der Dunkelheit des Lichtes segeln, wie Dante, der
auf den Lidern Beatrices ewigen Tau sah –
nie wird noch eine Runzel pflügen das weiße Gesicht.
Er jedoch wird in der grenzenlosen Welt irren
mit den geliebten und gehassten Seelen,
wird aufmerksam und kühl horchen
den Reden des römischen Sängers.
Was er schon erreicht hat, lebt im Vergangenen, und er selbst
ist auch ferne Vergangenheit, auf Wellen, die unaufhörlich
zu ihm wiederkehren.
Alle Worte, die noch kommen sollen, zerschellen
an seinem trockenen Gesicht, dessen Haut gelbt
wie das Heulen der Schakale bei Nacht.

לפני תמונתו של דנטה

שִׂמְחַת הָאוֹר וְשִׂמְחַת הַשָּׂדַיִם
בַּלַּיְלָה – הַנִּפְלָט מֵהֶם יַפְלִיג אֶל
חֶשְׁכַת הָאוֹר כְּדַנְטֶה, הָרוֹאֶה
בְּעַפְעַפֵּי בֵּיאַטְרִיס טְלָלִים־לֹא־יִמַּסּוּ –
לֹא עוֹד יַחֲרֹשׁ הַקֶּמֶט פָּנִים לְבָנוֹת.
בְּעוֹלָם נְטוּל־גְּבוּלוֹת יַמְשִׁיךְ לִתְעוֹת
עִם נְפָשׁוֹת אֲהוּבוֹת וּשְׂנוּאוֹת, יַקְשִׁיב לְדִבְרֵי
הַזַּמָּר הָרוֹמִי בְּעִנְיָן רַב וְקַר לְמַדַּי;
מַה שֶּׁהִשִּׂיג כְּבָר חַי בֶּעָבָר, וְהוּא עַצְמוֹ
עָבָר רָחוֹק עֲלֵי גַּלִּים, הַשָּׁבִים אֵלָיו עַצְמוֹ בְּלִי הֶרֶף.
כָּל הַמִּלִּים, שֶׁתָּבֹאנָה עוֹד, נִשְׁבָּרוֹת עַל
פָּנָיו הַיְּבֵשׁוֹת, וְעוֹרָן מַצְהִיב כְּיִלְלַת
הַתַּנִּים בַּלַּיְלָה

Vorsonnabendstunde

Vorsonnabendstunde, Stille herrscht in Weingärten der
Olivenhaine, und
Sonnenuntergang sinkt auf mein Haar – zündet drei Kerzen
auf der Weitfläche-Welt an.
Aber fern im Blau des Himmels wandert noch immer ein
weißer Vogel:
bald verschluckt ihn die Wolke, bevor er schwindet aber
sinken noch
weiße Flügel auf meine emporgehobenen Hände.
Bald hör ich die einsame Stimme verkünden
von fernen Kriegsplätzen den Schmerz der Erlösung, und
vielleicht irre ich mich
und all die Erwartung ist bloß eine Lüge, dumm und not-
wendig.

Ich will leben, will sehr das vermutliche Glück,
noch bevor die Welt verfällt, um wiederzukehren wie ein
verlorener Sohn in sein altes Elternhaus, aber im Grunde
genommen ist mir schon
alles gleich – der gefallene Sohn im Krieg, wie auch der im
Seidenbett geborene,
denn ich bin mit mir selbst sehr beschäftigt, und unter
anderem
erlernte ich das Sich-Verstellen als Hausierer kleiner Wohl-
taten,

בערב שבת

בְּעֶרֶב־שַׁבָּת, בְּעֵת דוּמִיָּה בְּכַרְמֵי הַזֵּיתִים,
יוֹרֶדֶת הַשְּׁקִיעָה לְשְׁעָרַי – לְהַדְלִיק שְׁלֹשָׁה נֵרוֹת עַל פְּנֵי הָעוֹלָם,
אוּלָם הַרְחֵק בִּכְחוֹל הַשָּׁמַיִם נוֹדֶדֶת עֲדַיִן צִפּוֹר לְבָנָה;
אוֹתָהּ שָׁעָה יִבְלָעֶנָּה עָנָן; טֶרֶם תֵּעָלֵם תִּשֹּׂרְנָה
כְּנָפַיִם צְחוֹרוֹת לְיָדֵי הַנְּשׂוּאוֹת מַעְלָה.
אוֹתָהּ שָׁעָה אֲנִי שׁוֹמֵעַ קוֹל בּוֹדֵד מְבַשֵּׂר
מִשְּׂדוֹת קְרָב רְחוֹקִים אֶת כְּאֵב הַתְּשׁוּעָה; וְיִתָּכֵן שֶׁאֲנִי טוֹעֶה
וְכָל הַצִּפִּיָּה הִיא רַק שֶׁקֶר מְטֻפָּשׁ וְהֶכְרֵחִי.

אֲנִי רוֹצֶה לִחְיוֹת, אֲנִי רוֹצֶה מְאֹד אֶת הָאֹשֶׁר הַמְּשֹׁעָר,
טֶרֶם יֶחֱרַב הָעוֹלָם, הַמּוּכָן לַחֲזֹר פַּעַם נוֹסֶפֶת
כְּמוֹ יֶלֶד אָבוּד אֶל בֵּית הוֹרָיו הַיָּשָׁן, וּבְעֶצֶם לֹא אִכְפַּת
לִי שׁוּם דָּבָר – לֹא הַנּוֹפֵל בַּקְּרָב וְלֹא הַנּוֹלָד בְּמִטַּת הַמֶּשִׁי,
כִּי אֲנִי עָסוּק עִם עַצְמִי עַד מְאֹד, וּבֵין הַיֶּתֶר
לָמַדְתִּי לְהַעֲמִיד פָּנִים שֶׁל עַסְקָן בְּמִצְווֹת קְטַנּוֹת,
כְּדֵי לְהַשְׁתִּיק אֶת טִפַּת הַמַּצְפּוּן הַמִּתְפַּשֵּׁר,
שֶׁעִמּוֹ אֲנִי חַי וּמִסְתַּפֵּק, כְּמוֹ כֻּלָּם.

בְּעֶרֶב שַׁבָּת אֲנִי נָדָם בְּכַרְמֵי הַזֵּיתִים,
בְּלִי אֶפְשָׁרוּת לִתְפֹּשׂ אֶת רִגְעֵי הָאֹשֶׁר הָרוֹחֲפִים,
הָרוֹצִים לִגְמֹל כִּבְיָכוֹל עַל שָׁנִים אֲבוּדוֹת שֶׁאֵין לְהַחֲזִירָן,
בְּעוֹד חַיֵּי הָעוֹלָם הַטִּבְעִיִּים (וּמִי יוֹדֵעַ מָה הֵם) עוֹבְרִים לְיָדִי
כְּמוֹ חַיָּלִים אֲדִישִׁים מְאֹד. אֵין כְּבָר אֲחִיזָה בְּדָבָר,
כְּאִלּוּ חָדַלְתִּי לִנְשֹׁם, כְּאִלּוּ אֵינֶנִּי קַיָּם עוֹד, אֲנִי שׁוֹקֵעַ בְּחַיֵּי הָעוֹלָם.
עַל הַשֻּׁלְחָן נִדְלָקִים מֵאֲלֵיהֶם נֵרוֹת הַשַּׁבָּת לְאַט־לְאַט
כְּמִלּוֹת נֶחָמָה מְפֻקְפָּקוֹת, וּבְדֶרֶךְ הַמַּכֶּרֶת עַד אֵימָה
מַתְחִילִים לִצְהֹל בְּנֵי־אָדָם בַּחוּצוֹת.

um den Hauch eines mahnenden Kompromissgewissens zu
ersticken
mit dem ich lebe und mich begnüge, wie alle hier.

Vorsonnabendstunde, ich verblute still in Weingärten der
Olivenhaine,
ohne die schwebenden Augenblicke des Glücks zu ergreifen,
die mich sozusagen entschädigen wollen für endgültig ver-
lorene Jahre,
aber das natürliche Leben der Welt (und wer weiß, was es ist)
zieht an mir vorbei
wie ein sehr ermüdeter Soldat. Es gibt schon gar keinen Halt
mehr da, es ist
als hätt' ich zu atmen aufgehört, als würd' ich nicht mehr
bestehen und
in das Leben der Welt versinken.
Auf dem Tisch zünden sich von selber die Sabbathkerzen an,
eine nach der anderen,
wie zweifelhafte Worte des Trostes, und auf dem, bis zum
Schrecken bekanntem
Wege beginnen die Menschen zu jubeln in den Häusern und
Höfen.

Aus dem Hebräischen vom Autor

Noch geht einer mit mir

Hörte das Meer im Ohre raunen,
Woge auf Woge,
und den Mond.
Hörte den Mond versinken
wie Pupille im fremden Aug.
Hörte die runde Mondesstimme
zwischen zwei Wogen aus Anthrazit geklemmt.
Wollte den Himmel geben einer Frau,
einem Kind das mit Krebsen spielt,
aber das Meer zerbrach den Mond
in Monde und in Meere sich selbst.
Was soll ich schenken der Frau die nimmer kommt,
dem Kind das nach Krebsen eilt,
dem Kind das im Blau mit Krebsen spielt?
Kühles Salz der Winde zieht
wie nächtlicher Sand über mein Aug.
Auf verwirrter Landkarte fliehen
erschreckte Krebse die vielen Stege,
wie in einem phantastischen Schauerspiel.
Noch geht einer mit mir die unendlichen Ufer
und raunt.

Nachdichtung aus dem Hebräischen

אחד הולך אתי לארך החופים

שָׁמַעְתִּי אֶת הַיָּם מְרַחֵשׁ בְּאָזְנַי
גַּל עַל גַּל,
וְאֶת הַלְּבָנָה,
שָׁמַעְתִּי אֶת הַלְּבָנָה טוֹבַעַת
כְּמוֹ אִישׁוֹן בְּעֵינַיִם זָרוֹת.
שָׁמַעְתִּי קוֹלָהּ הֶעָגֹל שֶׁל הַלְּבָנָה
נִמְעָךְ בֵּין שְׁנֵי גַּלִּים שֶׁל פֶּחָם.
רָצִיתִי לָתֵת אֶת הַשָּׁמַיִם לְאִשָּׁה,
לְיֶלֶד הַמְשַׂחֵק עִם סַרְטָנִים.
אֲבָל הַיָּם שָׁבַר אֶת הַלְּבָנָה
לִלְבָנוֹת וְאֶת עַצְמוֹ לְיַמִּים.
מַה לָּתֵת עוֹד לְאִשָּׁה־שֶׁלֹּא־תָּבוֹא,
לְיֶלֶד הָרוֹדֵף סַרְטָנִים,
לְיֶלֶד הַמְשַׂחֵק עִם סַרְטָנִים בַּשָּׁמַיִם?
מְלִיחוּת־רוּחוֹת קְרִירָה עוֹבֶרֶת
עַל עֵינַי בְּחוֹל לֵילִי.
סַרְטָנִים מְבֹהָלִים בּוֹרְחִים עַל
מַפָּה מְפֻתֶּלֶת שֶׁל שְׁבִילִים
כְּמוֹ בְּמַחֲזֶה־אֵימִים דִּמְיוֹנִי.
אֶחָד הוֹלֵךְ אִתִּי לְאֹרֶךְ הַחוֹפִים הָאֵין־סוֹפִי
וּמְלַחֵשׁ. אֶחָד בִּלְבַד.

II. Gedichte der Reifezeit in zweisprachiger Fassung

Staub in Konfrontation

עפר בעמות

1979

Suchen

Ich dachte dich hier zu finden
doch warst du nicht zwischen den Lichtern
und Schatten
und nicht zwischen Kindern
Träumen
und Büchern

Ich sah deine Augen segeln
in zwei blauen
Seidenkähnen
und die Fernen waren so fern
dass sie zu zwei Punkten wurden
im Himmel des Weltalls
im Himmel der Vögel
und über den roten Ziegeldächern
die siebzig Tage lang von Nacht gesättigt schwarz wurden

Und nachher blieben die Lieder
und Vögel und Raben, auf deren Kommen ich lauere,
den ich liebe, den
grauen Raben Nevermore

חיפושׂים

סָבַרְתִּי לִמְצֹא אוֹתָךְ כָּאן
וְלֹא הָיִית בֵּין אוֹרוֹת
וּבֵין צְלָלִים
וְלֹא בֵּין יְלָדִים,
חֲלוֹמוֹת
וּסְפָרִים.

רָאִיתִי אֶת עֵינַיִךְ שָׁטוֹת
בִּשְׁתֵּי סִירוֹת־מֶשִׁי
כְּחֻלּוֹת
וְהַמֶּרְחַקִּים הָיוּ רְחוֹקִים כָּל כָּךְ
שֶׁנִּצְטַיְּרוּ לִשְׁתֵּי
נְקֻדּוֹת בִּשְׁמֵי הָרָקִיעַ,
בִּשְׁמֵי הַצִּפֳּרִים,
וְעַל רַעֲפֵי הַגַּגּוֹת הָאֲדֻמִּים,
שֶׁהִשְׁחִירוּ שִׁבְעִים מִלַּיְלָה –
שִׁבְעִים יוֹם.

וְאַחַר־כָּךְ נוֹתְרוּ שִׁירִים
וְצִפֳּרִים וְעוֹרְבִים שֶׁלְּבוֹאָם אֲנִי אוֹרֵב,
שֶׁאוֹתוֹ אֲנִי אוֹהֵב, אֶת
הָעוֹרֵב הָאָפֹר – Nevermore

1970

Wir haben uns in den Sand gewühlt

Abenderinnerung am Meeresufer
wir liefen schuhelos,
wühlten uns in den Sand wie Krebse,
Wellen leckten an unseren Beinen –
wilde Wüstenwürmer im bitteren Sand.
Unter den vielen Himmeln zog ein Flugzeug vorbei
zu jener Stunde,
zog ein großer Vogel
unter den Sternen,
mit rotem Schnabel
und Flügeln der Dunkelheit.
Wir sagten einander unendlich viele Worte,
von Luft gebremst,
Worte wie Lichter
einer Ampel,
sagten Augen, Boote die auf
Wänden der Dunkelheit segeln,
auf Dächern der Berge.
Wir streuten Sand um die Aussprüche und Kronen
wie Asche einer bedrängten Seele,
drängten uns aneinander
aus dem Gefühl des Über-den-Worten-Stehens,
aus Angst vor dem vergehenden Augenblick.
Und sollte die Stunde vorbeigehen, auch
diese Stunde
oder tausend Jahre von Liebe und Freundschaft
und wir vereinsamt im Morgen bleiben?

התכרבלנו בחול

זִכְרוֹן־עֶרֶב עַל שְׂפַת הַיָּם,
רַצְנוּ יְחֵפִים,
הִתְכַּרְבַּלְנוּ בַּחוֹל כְּמוֹ סַרְטָנִים,
הַגַּלִּים לִחֲכוּ אֶת רַגְלֵינוּ –
תּוֹלְעֵי־מִדְבָּר פְּרָאִים עַל הַחוֹל הַמַּר.
מִתַּחַת לַשָּׁמַיִם הָרַבִּים עָבַר מָטוֹס
אוֹתָהּ שָׁעָה, עָבְרָה
צִפּוֹר גְּדוֹלָה
מִתַּחַת לַכּוֹכָבִים,
בַּעֲלַת מַקּוֹר אָדֹם
וְכַנְפֵי־חֲשֵׁכָה שֶׁל מָטוֹס.
אָמַרְנוּ זֶה לָזֶה מִלִּים בְּלֹא סוֹף,
נִבְלָמוֹת בָּאֲוִיר,
אָמַרְנוּ מִלִּים כְּמוֹ אוֹרוֹת
שֶׁל רַמְזוֹר,
אָמַרְנוּ עֵינַיִם,
סִירוֹת מַפְלִיגוֹת
אֶל קִירוֹת הַחֲשֵׁכָה,
אֶל גַּגּוֹת הֶהָרִים.
פִּזַּרְנוּ חוֹל סָבִיב לַאֲמִירוֹת וַאֲמִירִים
כְּמוֹ אֵפֶר שֶׁל נֶפֶשׁ דְּחוּקָה,
הִתְהַדַּקְנוּ זֶה לָזֶה
מִתּוֹךְ תְּחוּשׁוֹת־מֵעֵבֶר־לַמִּלָּה,
מִתּוֹךְ מוֹרָא הָרֶגַע הַחוֹלֵף.

וְאִם תַּחֲלֹף הַשָּׁעָה – גַּם
הַשָּׁעָה הַזֹּאת,
אוֹ אַלְפֵי שָׁנִים שֶׁל אַהֲבָה וְרֵעוּת
וְנִהְיֶה שׁוּב עֲרִירִים בַּבֹּקֶר?!

1971

Mit Fingern aus dunklem Blei

Ich liebe den Herbst
mit seinen Nachtraben,
weiße Hände
die in mir noch nicht
Schultern, Lippen und Kopf waren.
Und sollten wir gehen – dann,
um Granatäpfel vom Mittag gerötet
vor den Höhlen zu suchen
bis die Abenddächer auf uns fallen
und wir erst wiederkehren mit den Füchsen
in ein verlassenes Dorf.
Schmerzlicher Abschied in der Felder Müdigkeit
während unsere Körper – Staub in Konfrontation – sich
zueinanderneigen, gekettet an ihren schweren Geruch,
in Schweigen, in Fallen, in Netzen.
Jemand erwähnt eine junge Bäuerin
im Kornspeicher, ein Feld aus
Gerste, Weizen und Löwenzahn.
Ein anderer lässt Lichter und Schatten
fallen mit Fingern aus dunklem Blei,
Märchen von Engeln oder
Träume sehr alter Kinder.

באצבעות של עופרת כהה

אֲנִי אוֹהֵב אֶת הַסְּתָו
עַל עוֹרְבָיו שֶׁל לַיְלָה,
אֶת הַיָּדַיִם הַלְּבָנוֹת
שֶׁלֹּא הָיוּ בִּי עֲדַיִן
רֹאשׁ, שְׂפָתַיִם וְגַב.
וְאִם נֵלֵךְ – אָז אֶל בֵּין מְעָרוֹת,
לְחַפֵּשׂ רִמּוֹנִים מַסְמִיכֵי־צָהֳרַיִם,
עַד שֶׁיִּפְּלוּ סִכְכוֹת־הָעֶרֶב.
וְלֹא נָשׁוּב עוֹד, כִּי אִם עִם בְּנֵי־שׁוּעָלִים
לְיַד הַכְּפָר הַנָּטוּשׁ –
פְּרֵדָה מַכְאִיבָה בַּעֲיֵפוּת הַשָּׂדֶה,
בְּעוֹד גּוּפֵינוּ – עָפָר בְּעִמּוּת – יִטּוּ
זֶה אֶל זֶה, צְמוּדִים לְרֵיחָם הַכָּבֵד,
בִּשְׁתִיקָה, בְּמַלְכֹּדֶת, בִּרְשָׁתוֹת.
מִישֶׁהוּ מַזְכִּיר אִכָּרִית צְעִירָה
בַּאֲסַם הֶחָצִיר, שָׂדֶה שְׁזוּר שְׂעוֹרָה
וּתְבוּאָה וְחַרְצִיּוֹת.
מִישֶׁהוּ אַחֵר מַשִּׁיר אוֹרוֹת וּצְלָלִים
בְּאֶצְבְּעוֹת שֶׁל עוֹפֶרֶת כֵּהָה,
אוֹ אַגָּדוֹת עַל מַלְאָכִים, אוֹ
חֲלוֹמוֹת שֶׁל יְלָדִים זְקֵנִים מְאֹד.

1971

Ich bange

Ich bange vor zu starken Gefühlen,
der Nacht des Zerfalls,
die jäh auf Märchen folgt
über die Gewässer, wie eine Insel
mit schwarzen Flügeln.

Wir werden dann da stehen mit offenem Munde
in der ewigen Hässlichkeit,
den bleckenden Zähnen
eines tollen Hundes gegenüber,
nackt in unserer menschlichen Haut
mit zerissenen Gesichtszügen
vor den Hunden und Märchen.

Dann werden wir weitergehen,
um aus den Jahren herauszukommen,
um nicht mehr der Nächte
zu gedenken und des Erwachens,
der Schönheit
und der Hässlichkeit, die zerbrach.

אני חרד

אֲנִי חָרֵד מֵרְגָשׁוֹת חֲזָקִים מִדַּי,
מִלֵּיל מַפֹּלֶת, כִּי יֵרֵד
בְּעִקְבוֹת הָאַגָּדָה
עַל מַיִם, כְּמוֹ אִי
שֶׁכְּנָפָיו שְׁחֹרוֹת.

וְלֹא נַעֲמֹד עוֹד אֶלָּא פְּעוּרֵי־פֶּה
בַּכִּעוּר הַנִּצְחִי,
מוּל שִׁנַּיִם חֲשׂוּפוֹת
שֶׁל כֶּלֶב שׁוֹטֶה,
וְנִהְיֶה עֲרֻמִּים כָּל כָּךְ
בְּעוֹרֵנוּ הָאֱנוֹשִׁי
מוּל כְּלָבִים וְאַגָּדוֹת,
בְּקַוֵּי־פָּנִים מְקֻטָּעִים.

וְאַחַר־כָּךְ נֵלֵךְ בִּדְרָכִים
עַל מְנָת לָצֵאת מִן הַשָּׁנִים,
עַל מְנָת לֹא לִזְכֹּר עוֹד
אֶת הַלֵּילוֹת
וְאֶת הַהַשְׁכָּמָה,
אֶת פְּנֵי־הַיֹּפִי
וְאֶת הַכִּעוּר שֶׁנִּשְׁבָּר.

1977

Der Abend neigt sich über mich

Der Abend neigt sich über mich
mit Armen im Ölbaumgeäst,
weit von mir selber
flüstere ich, sage laute Worte,
taub die Worte, die ich sage.
Jemand hört meine Stimme
über die Hügel gehn,
jemand ohne Land im Herzen.
Über manchen fällt jäh
die sinnlose Nacht
und Stille in den Netzen.
Aber in der Ferne bellen Hunde
über fremdes Liebesgeschehen,
über Augen, die ich nicht geschlossen
(offen wie die eines Toten)
über Worte, die ich nie gesprochen.

הערב גוחן מעלי

הָעֶרֶב גּוֹחֵן מֵעָלַי
וְיָדָיו בַּעֲנָפִים שֶׁל זַיִת,
הַרְחֵק מֵעַצְמִי אֲנִי
לוֹחֵשׁ מִלִּים –
חֵרְשִׁים הַדְּבָרִים שֶׁאֲנִי אוֹמֵר.
מִישֶׁהוּ שׁוֹמֵעַ אֶת קוֹלִי
מְדַלֵּג עַל גְּבָעוֹת
וְלֹא אֲדָמָה בְּלִבּוֹ.
עַל מִישֶׁהוּ נוֹפֵל פִּתְאֹם
הַלַּיְלָה בְּלִי סִבָּה נִרְאֵית לָעַיִן
וְדוּמִיָּה בִּרְשָׁתוֹת,
אַךְ מֵרָחוֹק נוֹבְחִים כְּלָבִים
עַל אֵרוּעֵי אַהֲבָה זָרִים,
עַל עֵינַיִם שֶׁלֹּא סָגַרְתִּי
(פְּקוּחוֹת כְּמוֹ שֶׁל מֵת),
עַל מִלִּים שֶׁלֹּא אָמַרְתִּי.

1977

Du fällst auf sein Gesicht

Das ist der Frühlinge letzte aus dessen Geist du lebst,
Heimweh in der Substanz seines gewundenen Hirns,
Frühling der nie verzeiht.
Du fällst auf sein Gesicht, doch er steht auf,
bedeckt deine Hände mit dem Gelb, das nicht sein ist,
geht und welkt, wandelt Felder in Meer.
Ein Baum nur steht noch zum Gedenken,
wird gefällt, in seinem Herzen aber häuft sich Vergangenheit,
die dir mißfällt und schmeckt nach bitterem Salz.

על פניו אתה נופל

זֶה הָאָבִיב הָאַחֲרוֹן שֶׁאַתָּה חַי מֵרוּחוֹ –
מְגַלֶּה כִּסּוּפִים בְּהֶרְכֵּבֵי־מֹחוֹ הַמְעֻקָּל,
אָבִיב שֶׁאֵינוֹ מוֹחֵל.
עַל פָּנָיו אַתָּה נוֹפֵל, וְהוּא מִתְרוֹמֵם,
מְכַסֶּה אֶת יָדֶיךָ בְּצָהֹב כְּמוֹ לֹא־שֶׁלּוֹ,
הוֹלֵךְ וְנוֹבֵל, הוֹפֵךְ כָּל הַשָּׂדוֹת לְיָם.
עֵץ אֶחָד בִּלְבַד נוֹתַר כְּזִכָּרוֹן –
נֶעֱקַר, וּבְלִבּוֹ מִתְקַהֵל הַרְבֵּה עָבָר,
שֶׁאֵינוֹ כְּלִבְּךָ, וְטַעְמוֹ שֶׁל מֶלַח מַר.

1977

Der Tod der Kerzen

Vielleicht wirst du dich einst beruhigen zwischen sterbenden Kerzen,
bis ihr Ende kommt und sie unterschiedlich werden in ihrem Bestehen,
in ihrem Zusammengekrümmtsein im Dunkel, ihrem Verbuckeln wie Rauch,
der aus dem Weiß steigt wie vom Anfang der Welt bis an ihr Ende.
Sie reißen sich selbst das Herz aus, sterben in Nischen der Gebete,
zur Abendstunde wie
zerbrochene Schwerter in einem zerfallenen Schloss –
verkrampfte Leichen einer Musik von Bach,
Kobolde des Lachens, erfrorene Tränen.
Vielleicht wirst du dich beruhigen und deine Finger gleiten
über die Leichen dieses Märchens zum Trost
wie Berührungen von verbrannten Blicken,
durchsichtig in ihrem Grau, durchwirkt von schwarzen Flecken
und schon sehr still.
Leichen einer Groteske, die zu Ende ging,
Echo von Gebeten, die aus dem Leib der Erde steigen.

מות הנרות

שֶׁמָּא תֵּרָגְעִי פַּעַם בֵּין נֵרוֹת גּוֹוְעִים
עַד בּוֹא קִצָּם וְיִהְיוּ שׁוֹנִים בְּעֶצֶם קִיּוּמָם,
בְּהִצְטַמְּקָם בָּאֲפֵלָה, בְּהִתְגַּבְּנוּתָם כְּמוֹ עָשָׁן מִתְאַבֵּךְ
מִלֹּבֶן, כְּאִלּוּ מֵרֵאשִׁית עוֹלָם וְעַד סוֹפוֹ.
הֵם גּוֹזְרִים מֵעַצְמָם אֶת לִבָּם, מֵתִים בְּכוּכֵי־הַתְּפִלָּה,
בִּשְׁעַת הָאַפְלוּלִית, כְּמוֹ
חֲרָבוֹת שְׁבוּרוֹת בְּמִבְצָר שֶׁנֶּחֱרַב –
חַלְלֵי מוּסִיקָה מְעֻוָּתִים שֶׁל בַּאךְ,
שֵׁדוֹנֵי הַצְּחוֹק, דְּמָעוֹת שֶׁקָּפְאוּ.
שֶׁמָּא תֵּרָגְעִי; אֶצְבְּעוֹתַיִךְ תַּחֲלֵקְנָה
עַל גּוּפוֹת הָאַגָּדָה הַזֹּאת – לְנֶחָמָה
וְיִהְיוּ כִּנְגִיעוֹת שֶׁל מַבָּטִים שְׂרוּפִים,
שְׁקוּפִים בָּאַפְרוּרִיּוּת, מְעֹרֵי כְּתָמִים שֶׁל שָׁחֹר,
וּכְבָר שְׁלֵוִים מְאֹד –
גּוּפוֹת שֶׁל גְּרוֹטֶסְקָה שֶׁהִגִּיעָה אֶל קִצָּהּ
וְהֵד לִתְפִלּוֹת, הָעוֹלוֹת בְּלִי הֶרֶף
מִבֶּטֶן הָאֲדָמָה.

1978

Wintertag in Jerusalem

Tag der Stare in der Heiligen Stadt
im Himmel
im kalten Jerusalem
unter graublauem Himmel.
Tag der Stare
unter deren Schwere kranke Äste brechen.
Sie erzählen dem Gott
eines Dichters Geschichten
im schlängelnden Flug
im Auf und Ab des Flugs.
Sie hacken einander die Augen aus
in der heiligen Stadt zu Jerusalem,
mit ihrer dunklen Starenschönheit.

יום חורף בירושלים

יוֹם שֶׁל זַרְזִירִים בְּעִיר הַקֹּדֶשׁ,
בַּשָּׁמַיִם,
בִּירוּשָׁלַיִם שֶׁל קֹר,
מִתַּחַת לְרָקִיעַ כָּחֹל־אָפֹר.
יוֹם שֶׁל זַרְזִירִים,
מִכָּבְדָם נִשְׁבָּרִים עֲנָפִים הַרְבֵּה
חוֹלֵי־עִיר.
הֵם מְסַפְּרִים סִפּוּרֵי־נְדוֹד
לֵאלֹהִים
בְּמָעוֹף עֲקַלָּתוֹן,
בְּמָעוֹף שְׁתִי וָעֵרֶב עִם רוּחוֹת,
מִתְאַכְזְרִים בֵּינָם לְבֵין עַצְמָם,
מְנַקְּרִים זֶה לָזֶה עֵינַיִם
בִּירוּשָׁלַיִם שֶׁכֻּלָּהּ קְדֻשָּׁה
וְרַחֲמִים,
בְּיָפְיָם הַזַּרְזִירִי.

1978

Im Schatten des Skorpions
בצל העקרב

1988

So warst du und das Vergessen
meine Schwester mit dem roten Haar,
so warst du

Ich erinnere mich deiner
wie ein Mensch seines eigenen Ichs
wie ein Mensch der Vergessenheit

Wir werden uns nimmer wiedertreffen
in dieser Welt
und in keiner andern
der vielen

Ich sehe dich
stets vor mir
jünger als du jemals warst

Leicht führst du meine Worte
im unerlösten Spiegel, deinem Horizonte zu

Ein Schmetterling im Morgen
überm Stacheldrahtverhau

Nachdichtung aus dem Hebräischen

אחותי אדמת־השער

כָּךְ הָיִית אַתְּ וְהַשִּׁכְחָה
אֲחוֹתִי אֲדֻמַּת־הַשֵּׂעָר
כָּךְ הָיִית אַתְּ.

אֲנִי זוֹכֵר אוֹתָךְ
כְּפִי שֶׁאִישׁ זוֹכֵר אֶת עַצְמוֹ,
כְּפִי שֶׁאִישׁ זוֹכֵר נִשְׁכָּחוֹת.

מַה שֶּׁהָיָה הָיָה.
לֹא נִתְרָאֶה עוֹד
בָּעוֹלָם הַזֶּה
וּבְשׁוּם עוֹלָם
מִכָּל הָעוֹלָמוֹת הַיָּפִים.

אֲנִי רוֹאֶה אוֹתָךְ
יָפָה, צְעִירָה מִשֶּׁהָיִית אֵי־פַּעַם,
חַי אוֹתָךְ כְּמוֹ פַּרְפָּר בַּבֹּקֶר
כְּמוֹ מִחוּץ לְנַפְשִׁי.

Verirrung

Amnon zog aus auf Bilderjagd,
wer wird dich verletzen, wenn der Fremde kommt,
blauäugig wie die Augen Amnons?
Was wirst du tun –
aus einer Nacht kommend zu Amnon
und sein Gesicht ist bleich
und du bist Tamar
und seine Hände ruhen auf deinen Hüften
bewegungslos?!
Und du bist im Regen ein fruchtbares Feld
jedoch sein Gesicht ist gepflügt
und der Fremde ist er
mit Augen wie die Amnons
und du bist Tamar?!

תעתועים

אַמְנוֹן יָצָא לְצֵיד תְּמוּנוֹת,
מִי יִפְגַּע בָּךְ, כְּשֶׁהַזָּר יָבוֹא
וְעֵינָיו כְּחֲלֹוֹת?
מַה תַּעֲשִׂי –
יוֹצֵאת מֵאַחַד הַלֵּילוֹת אֶל אַמְנוֹן
וּפָנָיו חִוְרוֹת
וְאַתְּ תָּמָר
וְיָדָיו מֻנָּחוֹת עַל מָתְנַיִךְ
לְלֹא תְּנוּעָה?!
וְאַתְּ שָׂדֶה פָּרוּץ לְמָטָר
וּפָנָיו חֲרוּשׁוֹת
וְהוּא הַזָּר
וְעֵינָיו כְּחֲלֹוֹת
וְאַתְּ תָּמָר?!

Ich habe zu Hause ein blaues Klavier
Und kenne doch keine Note.
Else Lasker-Schüler „Mein blaues Klavier"

Mit Else Lasker-Schüler

Zugewandert dem tiefsten Schweigen
steht sie noch immer da
mit den Puppen
die weiter leben nach ihr
und dem blauen Klavier.

Es ist viel Zeit vergangen
im Jagdrevier der Menschen,
auch die Tiere sind nicht zahmer geworden
nach dem Zerfall,
die Prinzen aber spielen noch immer
mit der Bibel ihr Anwesenheitsspiel.

Schwalben haben
im Rahmen eines Märchens zur Sonne
den Mond angeflogen
und die Mädchen zählen noch wie eh
ihre Puppen von den Fingern ab,
wenn sie mit dem Körper das Gefühl betrügen.

Unter dem Asphaltweg des Ölbergs aber
ruhen ihre Glieder
gesichert nach dem langen Verzagen.

המשוררת

1

אַתְּ עָבַרְתְּ אֶת הַשֶּׁבֶר
הָאַפְרוֹ־אַסְיָתִי שֶׁלָּךְ,
כָּל אִישׁ עוֹבֵר אֶת הַשֶּׁבֶר שֶׁלּוֹ
אוֹ סְדָקִים שֶׁל צֵל – וְזֶה תָּלוּי בְּמַשֶּׁהוּ
מַהוּתִי שֶׁבֵּין מָוֶת לְחַיִּים.

אַתְּ נוֹתַרְתְּ פְּגִיעָה לְצֶבַע וְלִצְלִיל
אַחֲרֵי הַקֶּרַח הַגָּדוֹל בְּאַרְצֵךְ,
אַחֲרֵי שֶׁנֶּאֶמְרוּ כָּל הַמִּלִּים שֶׁנּוֹתְרוּ.

מִתַּחַת לַגֶּשֶׁר עוֹבְרִים הַחַיִּים
וּבְכִי וּצְחוֹק הַיְלָדִים.
אַחֲרֵי הַשָּׁלוֹם, הַכֹּל אֲרָעִי בָּעוֹלָם הַזֶּה,
כִּי נֶחְתַּם שְׁטָר אֱנוֹשִׁי וְלֹא נִשְׁלַם.

בִּכְתָבֵךְ שִׁירִים עַל נְסִיכִים –
יוּסוּף סָאשָׁה וְגֶזֶלְהֵר,
בָּאת לְעִיר הַקֹּדֶשׁ שֶׁלָּךְ,
לְשַׁעַר הָרַחֲמִים שֶׁלָּךְ,
עִם הַפְּסַנְתֵּר הַכָּחֹל,
עִם אוֹתוֹ מַרְבַד־טִיבֶּט הַיָּשָׁן,
מְפַקֶּרֶת לִצְחוֹק הַיְלָדִים –
אִשָּׁה זְקֵנָה עִם צִפֳּרִים וּבֻבּוֹת.

Von Zeit zu Zeit trägt ihnen
der Wind ein wenig Seele zu
im Verspieltsein eines Verses
der ihr entfallen war.

Bearbeitet aus dem Hebräischen

2

אַתְּ נִמְצֵאת עֲדַיִן כָּאן
מוּל פְּנֵי הַדְּמָמָה
עִם בֻּבּוֹתַיִךְ הַשְּׁלֵווֹת
וְעִם הַפְּסַנְתֵּר הַכָּחֹל.
זְמַן רַב חָלַף מֵאָז
בִּשְׂדֵה הַצַּיִד שֶׁל הָעוֹלָם
וְהַחַיּוֹת אֵינָן מְאֻלָּפוֹת יוֹתֵר
מִמַּה שֶּׁהָיוּ, גַּם הָעַכְבְּרוֹשִׁים,
אַף הַנָּסִיךְ מְשַׂחֵק עֲדַיִן
פִּיּוּטֵי־סְרָק עִם סֵפֶר הַתַּנַ״ךְ,
סְנוּנִיּוֹת מִתְקַהֲלוֹת סָבִיב לַלְּבָנָה.
אֲבָל מִתַּחַת לַכְּבִישׁ הַסָּלוּל
שֶׁעַל הַר הַזֵּיתִים
נָחוֹת עַצְמוֹתַיִךְ הַשְּׁלֵווֹת
לְאַחַר יֵאוּשָׁן הַגָּדוֹל,
וְהָרוּחַ מַחְדִּיר בָּהֶן
מִפַּעַם לְפַעַם
קֶרֶטוֹב שֶׁל נְשָׁמָה
בְּמִשְׁקָל שֶׁל חָרוּז.

III. Zu Lebzeiten publizierte Auswahl der Früh- und Spätzeitgedichte in zweisprachiger Fassung

Rückwärts zählend. Ausgewählte Gedichte
ספירה לאחור
Count Down. Selected Poems
1960–2000

Mit dem Meißel der Minute

Ich schreibe meiner Mutter einen Brief
ich will ihn beenden
ich füge immer neue Wörter hinzu
und er wird unendlich

Ich schreibe die Anschrift einer unbekannten Frau
die meine Mutter war
ich der Achtundsechzigjährige
notiere Vergangenheit

Ich glaube eingeschlafen zu sein
ich glaube mein Herz hat zu schlagen aufgehört
ich glaube zu leben wie noch nie
haue mein ewiges Reich
mit dem Meißel der Minute
in das Wüstengestein
meiner nachbiblischen Verworrenheit ein

עם אזמל הרגע

אֲנִי כּוֹתֵב לְאִמִּי מִכְתָּב
אֲנִי רוֹצֶה לְסַיְּמוֹ,
מוֹסִיף בְּלִי־הֶרֶף מִלִּים חֲדָשׁוֹת
וְהוּא נַעֲשֶׂה אֵין־סוֹפִי.

אֲנִי כּוֹתֵב כְּתֹבֶת שֶׁל אַלְמוֹנִית
שֶׁהָיְתָה אִמִּי.
אֲנִי הַיָּתוֹם בֶּן שִׁשִּׁים וּשְׁמוֹנֶה שָׁנִים
רוֹשֵׁם עֲבָרִים לִקְרַאת מוֹתִי.

אֲנִי חוֹלֵם שֶׁהַשֵּׁנָה יָרְדָה עָלַי
אֲנִי חוֹלֵם שֶׁלִּבִּי הִפְסִיק לִפְעֹם
חוֹלֵם לִחְיוֹת כְּפִי שֶׁלֹּא הָיִיתִי מֵעוֹלָם
חוֹצֵב אֶת נַחֲלָתִי הַנִּצְחִית
בְּאִזְמֵל הָרֶגַע הַחוֹלֵף
אֶל תּוֹךְ סֶלַע־הַמִּדְבָּר
שֶׁל הַתֹּהוּ שֶׁלְּאַחַר ...

תרגום מגרמנית

Ein Wort

Ein Wort
in die verrauchte Landschaft gesandt,
ein Land außerhalb –
der andere Planet

Ich stehe vor dir
wie ein Gast zur Nacht
und schaue über dich
in die silbernde Landschaft
der Olivenbäume hinaus

Die Erde unter mir ist durchfurcht
von vielen Säumen verhärteter Schollen,
sie reift ihre gelben Körner
auf dein Gesicht das verträumte,
ich gedachte deiner in einer der verflossenen Stunden

Die schindelbedeckte Kapelle auf dem Berg
mit dem verblichenen Christusbild
steht noch immer, steht noch immer
auf der Kreuzung der Fichtenwege

Wir erwachen uns entgegen
aus dem trümmerlangen Schlaf –
du die Zeitlose und ich mit dem gezeichneten Gesicht
vom Lande außerhalb –
ein Zurückgekommener

מִלָּה
שְׁלוּחָה אֶל נוֹפִים עֲשֵׁנִים,
אֶרֶץ מִחוּץ לִתְחוּמָהּ –
הַכּוֹכָב הָאַחֵר!
אֲנִי עוֹמֵד לְפָנַיִךְ
כְּמוֹ אוֹרֵחַ נוֹטֶה לָלוּן
מַבִּיט מֵעָלַיִךְ
אֶל תּוֹךְ הַנּוֹף הַמַּכְסִיף
שֶׁל עֲצֵי־הַזַּיִת הָרַבִּים.
הָאֲדָמָה מִתַּחְתַּי חֲרוּשָׁה
בְּשׁוּלֵי־רְגָבִים שֶׁהִתְקַשּׁוּ,
הִיא מַבְשִׁילָה זְרָעִים צְהֻבִּים
עַל פָּנַיִךְ הַחֲלוּמוֹת.

נִזְכַּרְתִּי בָּךְ בְּאַחַת הַשָּׁעוֹת הָעֲלוּמוֹת.
הַקַּפֶּלָה עַל הָהָר, מְכֻסַּת רַעֲפֵי־עֵץ
עִם דְּיוֹקָנוֹ שֶׁל יֵשׁוּ הַדָּהוּי,
עוֹמֶדֶת עֲדַיִן עוֹמֶדֶת עֲדַיִן
עַל צֹמֶת שְׁבִילֵי הָאֲשׁוּחִים.

אָנוּ מְקִיצִים זֶה לִקְרַאת זֶה
מִשֵּׁנָה אֲרֻכַּת־הֲרִיסוֹת –
אַתְּ אִשָּׁה מֵעֵבֶר־לַזְּמַן וַאֲנִי בִּפְנֵי הַחֲתוּמוֹת
שֶׁל אֶרֶץ מִחוּץ לִתְחוּמָהּ –
שָׂרִיד שֶׁחָזַר מִשָּׁם!

Ohnmacht

Der Mensch, der uns rief,
stand im Schatten des Skorpions,
doch du warst allein,
ich stand fast nebenbei,
die neuen Häuser fielen auf die alten ein

Jemand rief Mutter
wie ein Greis.

Und es war, als wäre die Zeit vereist
in den Klauen eines Augenblicks.

Die schwarzen Frauen riefen zum Kaddisch aus,
doch die Männer lagen schon
im Himmel ihrer Erde
unter dem weißen Obelisk

חסר אונים

הָאָדָם שֶׁקָּרָא לָנוּ
עָמַד בְּצֵל הָעַקְרָב,
אַךְ אַתְּ הָיִית בּוֹדֵדָה.
אֲנִי עָמַדְתִּי כִּמְעַט עַל יָדֵךְ.
הַבָּתִּים שֶׁנִּבְנוּ זֶה עַתָּה
נָפְלוּ עַל אֵלֶּה שֶׁקָּרְסוּ כְּבָר מִזְּמַן,
מִישֶׁהוּ קָרָא לְאִמּוֹ
בְּקוֹל שֶׁל קָשִׁישׁ.

וְהָיָה כְּאִלּוּ הַזְּמַן קָפָא
בְּצִפָּרְנֵי הַשְּׁנִיָּה.

הַנָּשִׁים הַשְּׁחוֹרוֹת קָרְאוּ לְקַדִּישׁ
אַךְ הַגְּבָרִים כְּבָר שָׁכְבוּ
בִּשְׁמֵי אַדְמָתָם,
מִתַּחַת לְעַמּוּד־הָאֶבֶן הַלָּבָן.

תרגום מגרמנית

Ungesagte Worte fallen

Erinnerung an Hella Peterfreund s.A.

Sie wird die Augen schließen
und nicht mehr sein

Aus dem Tag gerufen webt sich
um sie schon die andere Zeit

Was sie zu sagen hatte
wird nirgends verschrieben stehn
nicht die Zeit der Vernichtung
und nicht die der Einkehr
in ein heiliges Land

Die Ruhe ihrer Augen
ihr ungesprochenes Wort

Sie ahnt den sich verengenden Weg
und das Verdunkeln der Tage
die fahlen Hände greifen
nach einem Halt

Ihre fahlen Hände sinken
bis ins wesenlose Verebben hinab
der Kaddisch aber für jemand andern
gesagt über einem andern Grab
ist schon gültig auch für sie
sie senkt den Blick

דברים שְׁלא נאמרו

לזכרה של הֶלָה פֶּטֶרפרוינד ע"ה, ניצולת השואה

הִיא תַּעֲצֹם אֶת עֵינֶיהָ
וְלֹא תִּפְקַח אוֹתָן עוֹד.

קְרוּאָה מִתּוֹךְ הַיּוֹם
נִרְקַם סְבִיבָהּ זְמַן אַחֵר.

מַה שֶּׁרָצְתָה לוֹמַר
לֹא יֵרָשֵׁם עוֹד בְּשׁוּם מָקוֹם –
לֹא זְמַן הַהַשְׁמָדָה
וְלֹא זְמַן הַשִּׁיבָה אֶל
אֶרֶץ הַקֹּדֶשׁ שֶׁלָּהּ.

שַׁלְוַת עֵינֶיהָ
דְּבָרָהּ שֶׁלֹּא נֶאֱמַר.

הִיא מְנַחֶשֶׁת אֶת דַּרְכָּהּ הַמִּתְקַצֶּרֶת
וְאֶת הַחְשָׁכַת הַיָּמִים,
יָדֶיהָ חִוְרוֹת – מְנַסּוֹת לִתְפֹּס
מְקוֹם אֲחִיזָה,
הֵן נוֹטוֹת אֶל
הִתְרַפְּקוּת חַסְרַת-מַשְׁמָעוּת.

אוּלָם הַקַּדִּישׁ
שֶׁנֶּאֱמַר בִּשְׁבִיל מִישֶׁהוּ אַחֵר
עַל קֶבֶר מֻכָּר
כְּבָר תָּקֵף גַּם עֲבוּרָהּ ...

Doch noch glüht die Sonne
noch winken die Berge aus ihrer
braunen Friedhofferne

Noch hört sie die kahlen Worte
ein Geschmack von Erde jedoch
greift schon nach ihrem Mund

Und die Seele flattert wie ein weißer Schmetterling
dem Raum ihrer Ferne entgegen
man hört noch das Säuseln ungesagter Worte fallen
in die antwortlose Nacht

הִיא מַרְכִּינָה אֶת
מַבָּטָהּ הַמְרַפְרֵף,

אֲבָל עֲדַיִן הַשֶּׁמֶשׁ בּוֹעֶרֶת,
הָרִים מִתְנוֹפְפִים מִגּוֹן־חוּמָם
שֶׁל בֵּית־חַיִּים רָחוֹק
אֶל הַקְּבָרִים כָּאן הַנּוֹדְעִים.

הִיא שׁוֹמַעַת אֶת הַמִּלִּים הַחֲשׂוּפוֹת,
אַךְ טַעַם שֶׁל אֲדָמָה
נוֹגֵעַ כְּבָר בִּשְׂפָתֶיהָ הַשּׁוֹתְקוֹת
וְנַפְשָׁהּ כְּמוֹ פַּרְפַּר לָבָן תִּתְעוֹפֵף
אֶל מֶרְחַב הֶחָלָל שֶׁלָּהּ.

עוֹד נִשְׁמַעַת אִוְשַׁת הַדְּבָרִים שֶׁלֹּא נֶאֶמְרוּ
נוֹשֶׁרֶת אֶל לַיְלָה לְלֹא־מַעֲנֶה.

Wir kosteten unreife Frucht

Wir kosteten unreife Frucht
in den schönsten Jahren,
in roten Wäldern,
nannten sie Herbst

Gingen durch rote Wälder
unter niedrigen Himmeln,
spielten mit Wolken,
nannten sie Herbst,
kosteten unreife Frucht,
gingen der Süße kommender Nächte entgegen,
spielten mit langem Haar
im bleiernen Licht

Spannten dünne Finger
über den Kerzen,
wir die blinden Kinder der Schoah
mit Hiobsaugen,
und die roten Wälder
schüttelten ihre Blätter auf uns

Ein bitterer Gott der Mehrzahl
ist Elohim, wir riefen ihm zu,
fielen mit unserem „Schma Israel"
in sein dunkles
Erdhügelgewand

טעמנו פרות־בסר

טָעַמְנוּ פֵּרוֹת־בֹּסֶר
בַּשָּׁנִים הַיָּפוֹת בְּיוֹתֵר
בִּיעָרוֹת אֲדֻמִּים
קָרָאנוּ לָהֶם סְתָו.

הָלַכְנוּ בִּיעָרוֹת אֲדֻמִּים
תַּחַת שְׁמֵי־רָקִיעַ נְמוּכִים,
שִׂחַקְנוּ עִם עֲנָנִים
קָרָאנוּ לָהֶם סְתָו.
טָעַמְנוּ פֵּרוֹת־בֹּסֶר
לִקְרַאת מֶתֶק לֵילוֹת הָעֲתִידִים לָבוֹא.
שִׂחַקְנוּ עִם שַׂעֲרוֹת־מֶשִׁי
בְּאוֹר שֶׁל עוֹפֶרֶת.

מָתַחְנוּ אֶצְבָּעוֹת דַּקּוֹת
מֵעַל הַגְּדֵרוֹת –
אָנוּ יַלְדֵי הַשּׁוֹאָה
בַּעֲלֵי עֵינֵי־אִיּוֹב עִוְרוֹת
וְהַיְּעָרוֹת הָאֲדֻמִּים
נִעֲרוּ מֵעַל רָאשֵׁינוּ עָלִים.

אֵל מַר בִּלְשׁוֹן רַבִּים
הִנּוֹ אֱלֹהִים, קָרָאנוּ לוֹ,
נָפַלְנוּ בִּקְרִיאַת־שְׁמַע
אֶל תּוֹךְ גְּלִימָתוֹ הַכֵּהָה
מִקַּרְקַע־הַגְּבָעוֹת.

תרגום מגרמנית

Das Verbrechen

Und es lag ein wunderbarer Mantel
zwischen den Sachen im Lagerhaus
und es war der Tod im Mantel
und sie eignete sich ihn an
und es lag eine Dose wunderbar süßer Pflaumen
und es war in der Dose der Tod
und sie eignete sich die Dose an
und als man sie kahl schor
weil sie die Dose nahm
und sie brachte vors Gericht
weil sie den Mantel nahm
ließ sie plötzlich ihr zerrissenes Sackgewand fallen
und der Richter sah ihr vor Hunger geschwollenes Fleisch.
Sie stand vor ihm in ihrer nackten Hässlichkeit:
„auch ich bin ein Mensch", sagte sie.
(dem Gesetze nach stand darauf der Tod)
„Geh ohne den Mantel er ist nicht dein",
sagte der Mann auf seinen Wendepunkt,
und sie ging ohne ein Wort
und den wundervollen Mantel hinaus
Auf ihrem Haupt brannte des Königs David
sechsstrahliger Stern
und es war als wäre nichts geschehen
in dem zerstörten Dresden lag im Sterben
der schrecklichste der Kriege

Dresden, Ende April 1945, der letzte Bombenangriff

הפשע

דרזדן, סוף אפריל 1945, ההפצצה האחרונה

וְהָיָה מְעִיל יָפֶה לְהַפְלִיא בֵּין כָּל
הַדְּבָרִים בַּמַּחְסָן
וְהָיָה הַמָּוֶת בְּתוֹךְ הַמְּעִיל
וְהִיא לָקְחָה אוֹתוֹ
וְהָיְתָה קֻפְסָה עִם שְׁזִיפִים מְתוּקִים לְהַפְלִיא
וְהָיָה הַמָּוֶת בְּתוֹךְ הַקֻּפְסָה
וְהִיא לָקְחָה אוֹתָהּ.
וּכְשֶׁגָּזְרוּ אֶת שְׂעָרָהּ כֻּלּוֹ,
כִּי לָקְחָה אֶת הַקֻּפְסָה
וֶהֱבִיאוּהָ לִפְנֵי הַשּׁוֹפֵט
כִּי לָקְחָה אֶת הַמְּעִיל,
הִיא הוֹרִידָה פִּתְאֹם אֶת שִׂמְלַת הַשַּׂק הַקְּרוּעָה מֵעָלֶיהָ
וְהַשּׁוֹפֵט רָאָה אֶת בְּשָׂרָהּ הַנָּפוּחַ מֵרָעָב
וְהַשּׁוֹפֵט רָאָה אֶת בְּשָׂרָהּ הַנָּפוּחַ מֵרָעָב
הִיא עָמְדָה לְפָנָיו בִּבְכוֹרָהּ הָעֵירֹם:
"גַּם אֲנִי בֶּן אָדָם!" אָמְרָה
(לְפִי הַחֹק הָיְתָה חַיֶּבֶת תְּלִיָּה)
"לְכִי בְּלִי הַמְּעִיל, הוּא לֹא שֶׁלָּךְ, לְכִי!"
אָמַר הָאִישׁ בְּצֹמֶת הַדְּרָכִים שֶׁלּוֹ
וְהִיא יָצְאָה לְלֹא מִלָּה בְּשֶׁקֶט,
בְּלִי הַמְּעִיל הַיָּפֶה לְהַפְלִיא,
עַל רֹאשָׁהּ בָּעַר הַכּוֹכָב
שֶׁל הַמֶּלֶךְ דָּוִד עַל שֵׁשׁ צַלְעוֹתָיו,
וְהָיָה כְּלֹא הָיָה דָּבָר
הַמִּלְחָמָה הַנּוֹרָאָה גָּסְסָה בִּדְרֶזְדֶן הַהֲרוּסָה.

Wir sind Brüder im Blut und nicht im Geist

1
Kain und Abel sind Brüder im Blut und nicht im Geist,
Kain erhob sich wider Abel und schlug ihn tot,
Kain und Abel sind Brüder im Blut und nicht im Geist
Jakob und Esau sind Brüder im Blut und nicht im Geist,
Esau verkaufte seine Erstgeburt
an Jakob für ein Linsengericht,
Jakob und Esau sind Brüder im Blut und nicht im Geist

2
Wir können einander nicht leiden,
wir sind Brüder,
wir ziehen in den Krieg,
wir töten einander,
wir erzählen Geschichten über die Bruderliebe,
heben unsere Arme zum Himmel empor,
erzählen unsern Kindern Märchen,
über Prinzen und Hexen, über Könige
und Propheten des Grolls, lügen ohne böse Absicht,
atmen in Nächten das Gift der Heiligkeit ein,
sehen uns selbst auf Fußspitzen schreiten,
umarmen in Nächten die schöne Lilith,
träumen rosige Träume
(Seele mit Seele umarmen den Körper)
steigen auf halbzerstörte Barrikaden
zum Kampfe bereit

אנחנו אחים בדם ולא־רוח*

1

קַיִן וְהֶבֶל אַחִים בְּדָם וְלֹא־רוּחַ
וַיַּהֲרֹג קַיִן אֶת הֶבֶל
קַיִן וְהֶבֶל אַחִים בְּדָם וְלֹא־רוּחַ
יַעֲקֹב וְעֵשָׂו אַחִים בְּדָם וְלֹא־רוּחַ
יַעֲקֹב מַעֲרִים עַל עֵשָׂו בִּנְזִיר־עֲדָשִׁים
יַעֲקֹב וְעֵשָׂו אַחִים בְּדָם וְלֹא־רוּחַ

2

אֲנַחְנוּ שׂוֹנְאִים זֶה אֶת זֶה
אֲנַחְנוּ אַחִים בְּדָם וְלֹא־רוּחַ
אֲנַחְנוּ יוֹצְאִים לְמִלְחָמוֹת
אֲנַחְנוּ הוֹרְגִים זֶה אֶת זֶה
אֲנַחְנוּ מְסַפְּרִים סִפּוּרִים עַל אַהֲבַת־אַחִים
נוֹשְׂאִים אֶת יָדֵינוּ אֶל־עָל
מְסַפְּרִים אַגָּדוֹת לִילָדִים עַל
נְסִיכִים וּמְכַשֵּׁפוֹת, עַל מְלָכִים
וּנְבִיאֵי־זַעַם מְשַׁקְּרִים שֶׁלֹּא בְּמִתְכַּוֵּן
נוֹשְׁמִים בַּלֵּילוֹת אֶת רַעַל הַקְּדֵשָׁה
רוֹאִים אֶת עַצְמֵנוּ הוֹלְכִים עַל בְּהוֹנוֹת
מִתְחַבְּקִים בַּלֵּילוֹת עִם לִילִית הַיָּפָה
חוֹלְמִים חֲלוֹמוֹת וְרֻדִּים
(נֶפֶשׁ מוּל נֶפֶשׁ מְחַבְּקוֹת גּוּף)
עוֹלִים עַל מִתְרָסִים הֲרוּסִים לְמֶחֱצָה
צְמֵאִים לִקְרָב.

3

Du bist Kain und ich Abel,
du bist Abel und ich Kain
Ich bin ein Mensch und du auch
reich mir deine Hand,
dein Leben finde ich schon allein
Ich bin Abel und du Kain
reich mir dein Leben,
du bist mein Bruder, der Ackermann im Feld,
ich bin Abel, der Schäfer im Zelt,
ich bin Abel, der ratlose,
du bist Kain, der ratlose,
und die Erde spaltet sich

Nachdichtung aus dem Hebräischen. Das Gedicht wurde zur Zeit der Intifada verfasst.

3

אַתָּה קַיִן וַאֲנִי הֶבֶל
אַתָּה הֶבֶל וַאֲנִי קַיִן
אֲנִי בֶּן־אָדָם וְאַתָּה בֶּן־בְּלִיַּעַל
הוֹשֵׁט לִי אֶת יָדְךָ
אֶת חַיֶּיךָ כְּבָר אֶמְצָא בְּעַצְמִי.
הֶבֶל אֲנִי וְאָתָּה קַיִן
הוֹשֵׁט לִי אֶת חַיֶּיךָ
אַתָּה אָחִי הַנָּע וָנָד קַיִן
אֲנִי הֶבֶל אוֹבֵד־הָעֵצוֹת
אַתָּה קַיִן אוֹבֵד הָעֵצוֹת
וְתִצְעַק הָאֲדָמָה.

נכתב בשנות האינתיפאדה.

Fortsetzung
(der neue Exodus)

Menschen wie du und ich
Frauen Kinder Greise
auf kahlen Feldern
von Bergen eingeengt

Die Tage sind märzkalt
die Nächte Eis
erfrorene Kinder
wachen nicht mehr auf

Wen die Beine tragen
geht noch
andere werden getragen geschleppt

Wohin gehen sie
die einen wie die anderen
das Nichts ragt vor ihnen
wie ein Nachtgespenst, doch
das Leben flattert noch, oh Gott!

Hie und da ein Weinen
das in sich erstickt

Irgendwo blinkt
hinter einem Himmel

המשכיות
(האקסודוס החדש)

מוקדש לפליטי קוסובו, מרץ 1999

אֲנָשִׁים כָּמוֹנוּ
נָשִׁים, קְשִׁישִׁים וָטַף
לְחוּצִים בֵּין הָרִים
עַל שָׂדוֹת חֲשׂוּפִים.

יָמִים שֶׁל חֹדֶשׁ מֶרְץ קָרִים,
קֶרַח – הַלֵּילוֹת.
יְלָדִים קְפוּאִים לֹא יִתְעוֹרְרוּ עוֹד.

אֶת מִי שֶׁרַגְלָיו נוֹשְׂאוֹת
עוֹדֶנּוּ הוֹלֵךְ,
אֲחֵרִים נִסְחָבִים כְּמוֹ גְּרוּטָאוֹת,
זֶרֶם כְּלֵי־רֶכֶב וַעֲגָלוֹת,
לְאָן פְּנֵי כֻּלָּם מוּעָדוֹת?!

הַאַיִן מִזְדַּקֵּר מוּלָם
כְּמוֹ רוּחַ־רְפָאִים לֵילִי.

הַחַיִּים פִּרְפּוּר רָפֶה. הוֹ אֱלֹהִים!

מִכָּל עֵבֶר קוֹלוֹת
נֶחְנָקִים בְּתוֹךְ עַצְמָם
וּפִתְאֹם דְּמָמָה.

ein rauchfarben Licht auf
rauchfarben ist auch der Tag
sonst nichts

Von beiden Rändern des Wegs
grinsen morastige Gräben

Die Beine tragen schwer
die Last des verkrampften Körpers

Sie weinen ohne Tränen
doch manchmal mit

Ende März 1999

בְּמָקוֹם כָּלְשֶׁהוּ מִזְדַּהֵר לְרֶגַע
זִיק שֶׁל אוֹר. הָרָקִיעַ אָפוֹר,
גַּם הַיּוֹם כָּזֶה
וְאֵין עוֹד אַחֵר זוּלָתוֹ.

מִשְּׁנֵי צִדְדֵי הַכְּבִישׁ
מְגַחֲכוֹת שׁוּחוֹת הַבֹּץ.

הָרַגְלַיִם בְּקשִׁי נוֹשְׂאוֹת
אֶת מִשְׁקַל הַגּוּף הַמְכֻוָּץ.

הֵם בּוֹכִים בְּלִי דְּמָעוֹת,
אַךְ לְעִתִּים עִם

Variante zu „Die Verwandlung“

Ein ungeheueres Ungeziefer
auf der Familienwand
das sich auf sich selber
plötzlich besonnen hat
sieht die Sonne von den Kronen
der dunklen Bäume untergehen
und unten auf der Straße
die Menschen weiter gehen
einer ist stehengeblieben
ohne sichtlichen Grund

Ein ungeheueres Ungeziefer
möchte weinen

מטמורפוזיס (Die Verwandlung)

בְּתוֹךְ חֲדַר הָעֶרֶב
מְטַפֵּס
חֶרֶק עֲנָקִי
עַל קִיר.
לִפְנֵי הַדֶּלֶת עוֹמֵד אָבִיו שֶׁלֹּא מִן הַמִּנְיָן
וְאוֹרֵב –
עוֹרֵב שֶׁל הָרֶגַע הַגּוֹרָלִי
עִם הַפְּרִי בַּיָּד,
הַפְּרִי הָרָקוּב שֶׁל הַדַּעַת וְהַדֵּעָה,
עוֹמֵד הָאָב,
בַּעַל שָׂפָם שָׁחֹר מְסֻלְסָל,
נָכוֹן לְהָמִית.

Abraham lässt das Messer fallen

Die kleine Karawane ersteigt schon den Horizont.
Über einer Welt ohne Morgen
glimmt ein Morgenstern
von dieser Nacht;
der Abraham-Sohn aber steht
unterm bleiernen Zelt
eines anderen Himmels
und grollt dem göttlichen Sinn:
„Gott wo bist Du wenn Du nicht bist mit mir?“

Durch die Büsche erschallt des Herrn erhabenes Gebot
und meistert ihn.

Kein Widder steht bereit
mit Hörnern im Gestrüpp verfangen.

Abraham lässt das Messer fallen
auf die Brust seines einzigen Sohnes
den er geliebt.

וישלח אברהם את המאכלת

כְּבָר עָלְתָה הַשַּׁיָּרָה אֶל הָאֹפֶק,
מֵעַל עוֹלָם לְלֹא־מָחָר
מְהַבְהֵב כּוֹכַב־הַשַּׁחַר
שֶׁל הַלַּיְלָה הַזֶּה
אוּלָם בְּנוֹ שֶׁל אַבְרָהָם יַעֲמֹד
מִתַּחַת לְאֹהֶל־הָעוֹפֶרֶת
שֶׁל רָקִיעַ אַחֵר
מוֹרֵד בְּמִצְוָתוֹ שֶׁל הַקּבּ"ה.
"אַיֵּה אַתָּה אֵלִי כְּשֶׁאֵינְךָ עִמִּי?"
מִבַּעַד לַשִּׂיחִים נִשְׁמָע קוֹלוֹ שֶׁל אֱלֹהִים
גּוֹבֵר עָלָיו,
אֵין בַּסְּבַךְ אַיִל
נֶאֱחָז בְּקַרְנָיו.
וַיִּשְׁלַח אַבְרָהָם אֶת הַמַּאֲכֶלֶת
אֶל לִבּוֹ שֶׁל בְּנוֹ יְחִידוֹ
שֶׁאָהַב.

תרגום מגרמנית

Ein Mensch warf sich …

Er zerbrach Worte
zerbrach Tafeln
glaubte an den einen
einzigen Gott
glaubte von Zweifeln geplagt an keinen
oh Gott!

Auf der Brücke
stand er
warf sich in die Fluten des Stromes
es war das siebzigste Jahr des vorigen Jahrhunderts
Anfang Mai?
Er war fünfzig Jahre alt

Tat des Zerbrechens –
ein Mensch warf sich in die Fluten seines Todes
Ein Mensch beschloss ewig zu bleiben
Sein Tod führt uns wieder zu ihm hin
wo er war und nicht mehr ist

אדם השליך את עצמו

לזכרו של פאול צלאן 1999, 29 שנים לאחר מותו

שָׁבַר מִלִּים
שָׁבַר לוּחוֹת,
הֶאֱמִין בֵּאלֹהִים אֶחָד
שֶׁאֵין זוּלָתוֹ,
הֶאֱמִין אֲכוּל סְפֵקוֹת
בֵּאלֹהִים רַבִּים
הוֹ אֱלֹהִים!

עַל הַגֶּשֶׁר נִצָּב אָדָם
אֲשֶׁר הֶאֱמִין
וְהָלַךְ וְהִשְׁלִיךְ אֶת עַצְמוֹ –
אָבִיב עַל הַסַּף
פָּארִיס, סוֹף אַפְּרִיל, 1970.

מַעֲשֶׂה שֶׁל שְׁבִירָה.
אֵין עוֹד לְהָשִׁיב דָּבָר לְקַדְמוּתוֹ –
אָדָם הִשְׁלִיךְ אֶת עַצְמוֹ
אָדָם נִכְסָף לְשַׁלְוָה.

מִי שֶׁבּוֹכֶה, בּוֹכֶה עַכְשָׁו,
מִי שֶׁלֹּא יָכוֹל לִשְׁכֹּחַ
לֹא יִשְׁכַּח לְעוֹלָם
וְכָךְ יִשָּׁאֵר, כִּי הַכֹּל לַשָּׁוְא.

גַּם אַתָּה יְדִידִי הַמְבֹרָךְ
גַּם אַתָּה יְדִידִי מְרַמֵּה־הַגּוֹרָל.

Nur die Augen tragen noch

Langsamer Friedhof durch den wir gehen
an altersschwachen Kuppeln vorbei,
Winde des großen Sterbens wehen uns an,
wehen in unser Haar.

Zerstörte Säulen ragen plötzlich empor
als wär noch immer Krieg
und die Welt ein Schlachtfeld,
es tagt, dunkelt und wintert zugleich.

In unser Haar fällt der gestrige Schnee,
der dunkle Schnee der bleichen Tage
fällt in unser Haar.

Bleiern wird das Gehen
und wesenhaft das Stehen
vor den Spiegeln einer neuen
verunsicherten Zeit.

Nur die Augen tragen noch
lichtlos,
wo wir auch wandeln mögen,
ihren verlorenen Gott einander zu.

Es ist ungewöhnlich still,
was wir auch suchen ist im gemeinsamen Verlust verweht,
jemand steht

בית עלמין אטי

בֵּית עָלְמִין אִטִּי שֶׁבּוֹ הוֹלְכִים
מוּל קִמְרוֹנוֹת חוֹלֵי־זִקְנָה –
אֶבֶן וְשַׁיִשׁ וְאוֹתוֹת בְּשָׁחוֹר.
רוּחוֹת שֶׁל מָוֶת גָּדוֹל
נוֹשְׁבוֹת מֵהַשַּׂעַר.

מַצֵּבוֹת עוֹמְדוֹת דֹּם כְּמוֹ חַיָּלִים
כְּאִלּוּ לֹא תַּמּוּ הַמִּלְחָמוֹת
וְהָעוֹלָם כְּמִנְהָגוֹ – שְׂדֵה־קְרָב עֲנָקִי.
אוֹר בּוֹקֵעַ וּמַחֲשִׁיךְ בְּעֵת וּבְעוֹנָה אַחַת.

אָנוּ בְּנֵי־שֵׂיבָה כָּעֵת, וְעִם זֹאת
יַלְדֵי הַקִּיּוּם הָאֵין־סוֹפִי.

מִבֵּין הָעֵצִים מַלְבִּין חֹרֶף
וְעַל שְׂעָרֵנוּ יוֹרֵד שֶׁלֶג אַלְמוֹנִי
שֶׁלֶג אָפֵל שֶׁל יָמִים חִוְרֵי־מַרְאֶה
נוֹשֵׁר עַל הַשַּׂעַר וְנָמֵס.

הֲלִיכָתֵנוּ נַעֲשֵׂית כְּבֵדָה יוֹתֵר
וַעֲמִידָתֵנוּ מַהוּתִית בְּתוֹךְ מַרְאוֹת הַזְּמַן
הַבִּלְתִּי מִתְפַּשֵּׁר.

הֵד שֶׁל מָטוֹס מַרְעִיד אֶת הָאִלְּמִים
שֶׁקּוֹלָם הַצִּיתָנִי נָדַם פֹּה.

jemand geht –
stumme Schritte
geistern durch die Allee
einer versteinerten Zeitlichkeit.

Nachdichtung aus dem Hebräischen

Das schmerzliche Lied

Zum Andenken an den Dichter Schimon Halkin, dem Lehrer und Freund, der den ergreifenden Gedichtszyklus „Le-mi“ (An wen) geschrieben hat.

Das schmerzliche Lied hast du von keinem erlernt,
das schmerzliche Lied hast du aus dir herausgeschnitten
und gabst es der „An wen“.
Und es war Abend und Schatten auf dem Balkon.
Und es war Ruhe wie im himmlischen Wüstensand,
und nichts bewegte sich,
und es war der tiefe Schlaf eines sandigen Brunnens
im Sein, und es war die Seele
eines Juden, der auf Wegen irrte,
als wäre die Ferne
von einer vergessenen Sage aufgesogen.
Und es war niemand, nicht du und nicht die „An wen“,
sondern etwas Leeres, das wuchs und Flügel bekam,
golden und lautleicht war
wie ein herbstliches Welken,
das verletzt und schmerzt, verspätete Zeit, die flüchtet
und Spuren einer Spinne hinterlässt.
Und es war nichts anderes von irgendwem,
auch nicht das kleinste Zwinkern der Luft
zwischen dir und jener „An wen“,
die verschwand und blieb
auf der Karte deines Verlorenseins
und Schatten auf dem Balkon.

Nachdichtung aus dem Hebräischen

את השיר הכאוב גזרת מעצמך

לזכרו של המשורר שמעון הלקין ע"ה — מורה וידיד

אֶת הַשִּׁיר הַכָּאוּב לֹא לָמַדְתָּ מֵאַף אֶחָד
אֶת הַשִּׁיר הַכָּאוּב גָּזַרְתָּ מֵעַצְמְךָ
וְנָתַתָּ לְמִי
וְהָיָה עֶרֶב וּצְלָלִים עַל הַגְּזֻזְטְרָה.
וְהָיְתָה דּוּמִיָּה כְּמוֹ בִּשְׁמֵי הַמִּדְבָּר
וְשׁוּם דָּבָר לֹא נָע עַל פְּנֵי־הָאֲדָמָה
וְהָיְתָה תַּרְדֵּמָה שֶׁל בְּאֵר חוֹלִית
בְּתוֹךְ הַהֲוָיָה וְהָיְתָה נִשְׁמָתוֹ
שֶׁל יְהוּדִי תּוֹעֶה בִּדְרָכִים
כְּאִלּוּ הַמֶּרְחָק סָפַג סִפּוּר נִשְׁכָּח.

וְלֹא הָיָה אַף אֶחָד וְלֹא אַתָּה וְלֹא לְמִי
כִּי אִם מַשֶּׁהוּ עַרְטִילָאִי גָּדֵל וּמִתְכַּנֵּף
אָפֵל סָגוּר
וּבִלְתִּי אֶפְשָׁרִי שֶׁל קְמִילָה מְרַשְׁרֶשֶׁת –
פּוֹגֵעַ וּמַכְאִיב, זְמַן מִתְאַחֵר בּוֹרֵחַ
וּמַשְׁאִיר עֲקֵבוֹת שֶׁל עַכָּבִישׁ.

וְלֹא הָיָה מַשֶּׁהוּ אַחֵר שֶׁל מִישֶׁהוּ,
אֲפִלּוּ לֹא קְרִיצָה שֶׁל אֲוִיר וְעִירָה
בֵּינְךָ לְבֵין אוֹתָהּ לְמִי
נֶעֱלֶמֶת וְקַיֶּמֶת עַל מַפַּת אָבְדָנְךָ
וּצְלָלִים עַל הַגְּזֻזְטְרָה.

Die Sonnenblume

Nun steht sie da auf dem Tisch,
als wäre Vincent
in mein Krankenzimmer getreten,
seine Hände ruhen auf meiner Hand
mit dem brüderlichen Wort Einsamkeit

Ein gelbes Weizenfeld mit Raben
frühlingt in den Herbst anemonenrot,
Nähe, die ihre Wolken sucht,
ein ferner angenagter Wald
und der Pappeln wilde Kreise
in einem irrsinnig gewordenen Himmel,
den man hört

החמנית

הִנֵּה נִצֶּבֶת הִיא כָּאן עַל הַשֻּׁלְחָן
כְּאִלּוּ וִינְסֶנְט
נִכְנָס לַחֲדַר־הַחֹלִי שֶׁלִּי –
יָדָיו מֻנָּחוֹת עַל יָדַי
בְּמִלַּת־אָח אַחַת – בְּדִידוּת.

שְׂדֵה־תְּבוּאָה צָהֹב עִם עוֹרְבִים
מֵאָבִיב אֶל תּוֹךְ סְתָו בְּגוֹן כַּלָּנִית,
קִרְבָה מְחַפֶּשֶׂת אֶת עֲנָנֶיהָ,
הַרְחֵק יַעַר מְכֻרְסָם קִמְעָה
וּמַעְגְּלֵי־צַפְצָפוֹת פִּרְאִיִּים
בְּתוֹךְ רָקִיעַ אֲחוּז־טֵרוּף,
הַמַּשְׁמִיעַ קוֹל.

תרגום מגרמנית

Adam schweigt oder das Altwerden

Auch dieser Winter verging
wie alle andern vor ihm
In dein Eigenstes eingeschlossen
eignest du dir der Bäume Dunkelheit an
gehst wankend und hörst
von den Säumen der Kronen
den Triller des ersten Amselpaars,
denkst an die verrückten Kreise
einer neuen beginnenden Liebe
wie noch keine war,
die gewesenen verbleichen
Wo bist du Mensch jetzt außerhalb der Tore,
deine Frau, dein Kind, die Enkel,
gemalte Landschaften jüngerer Tage?
Adam schweigt,
die Unruh nagt wild
an seinen aufsteigenden
noch immer absoluten Turmjahren.

Bearbeitet aus dem Hebräischen

להזדקן

אַתָּה רוֹאֶה אֶת עַצְמְךָ
מִשְׁתַּקֵּף בְּשִׁמְשׁוֹת הָעַגְלָה
בַּחוּץ מְשַׂחֲקוֹת רוּחוֹת
בְּשֵׂעַר הָעֵצִים
גֶּשֶׁם מְטַפְטֵף.

מִי עוֹמֵד שָׁם וּמִי
הוֹלֵךְ לִפְנֵי הַשַּׁעַר?
הַאִם זֶה אַתָּה
אוֹ מִישֶׁהוּ אַחֵר?
זְמַנְּךָ הַמְבֻזְבָּז
עוֹמֵד שָׁם
וּמַמְתִּין לְךָ
אַךְ פָּנָיו הִשְׁתַּנּוּ
בְּחֶשְׁכַת הָאוֹר –
תְּמוּנָה בְּכָל צִבְעֵי הַקֶּשֶׁת
שֶׁל הַדֶּרֶךְ
מֵאָפֹר לְשָׁחֹר.

עוֹרְךָ הַמְקֻמָּט
צוֹעֵק לִישׁוּעָה.

עֵינֶיךָ עֲיֵפוֹת וּכְנוּעוֹת.

תרגום מגרמנית

Stimmung

trauriger Tag
Wolken
etwas schwebt
über einen von Wolken
verschlungenen Horizont
malt fliegende Formen
ohne Anfang und Ende
Kreise in Kreisen
seltsame Glieder
deren Spitzen aufgesogen werden
in einer Art himmlischer Unendlichkeit
ich schlafe ein
ich der Mensch ohne Eigenschaften und Vergangenheit
der ununterbrochen gegenwärtigt
wie ein Kreis in Kreisen

מצב־רוח

יוֹם עָצוּב
עֲנָנִים
מַשֶּׁהוּ מְרַחֵף
מֵעַל אֹפֶק נִבְלָע
בַּעֲרָפֶל –
מְצַיֵּר צוּרוֹת מִתְעוֹפְפוֹת
שֶׁאֵין לָהֶן הַתְחָלָה וְסוֹף –
עִגּוּל בְּתוֹךְ עִגּוּל
כְּמוֹ אֶבְרֵי־מִין מְשֻׁנִּים
שֶׁקִּצֵּיהֶם נִסְפָּגִים
בְּמֵעֵין אֵין־סוֹף שְׁמֵימִי.

אֲנִי נִרְדַּם
אֲנִי אָדָם לְלֹא־עָבָר וּתְכוּנוֹת
הַמִּתְהַוֶּה בְּלִי־הֶרֶף
לְמַשֶּׁהוּ אַחֵר לֹא־בּוֹ

יוֹם עָצוּב
וְאֹפֶק רָחָב
וְאֵין לָאֵפֶר קֵץ
הַמְכַסֶּה אוֹתוֹ
וְאוֹתְךָ וְאוֹתִי
וּסְלָעִים אֲדֻמִּים לְפָנָיו
מֵהֻלֶּדֶת הַבְּרִיאָה.

Du mit Blumenvase im Café

Ein Gedicht verblasst auf deinem Gesicht,
der unbewusst irrende Blick

Menschen schauen von den Tischen auf,
die bildbehängten glatten Wände
wollen ein in blau übergehendes Weiß

Hier verliert man sich nicht
hier existiert man in einem
rechteckigen Anonymat
beschränkter Ewigkeit

Menschen schauen auf dein Gesicht
drei Blumen fehlen zu den Farben
von Rot und Gelb und Wieder-Rot
und ein wenig vom dachbegrenzten Licht
der Fenster von gegenüber
dem Duft von Thymian und Hyazinthenblau

בית־קפה עם אגרטל

שְׁלוֹשָׁה פְּרָחִים חֲסֵרִים בָּאֲגַרְטָל
מִלְּבַדָּם שְׁנֵי צְבָעִים בַּעֲלֵי מַשְׁמָעוּת
וּמַשֶּׁהוּ מֵהַשָּׁמַיִם הַפְּתוּחִים לִרְוָחָה אֵי־שָׁם,
הַנָּחָשׁ, הַפְּרִי, עֵץ הַדַּעַת,
אַתְּ.

Irgendwo

Irgendwo gewinnt die Ruh ihren Sinn
irgendwo verwandelt sie das Gesträuch
in Blau
ein Mann hebt die Faust
gegen Gott.

Irgendwo spielt der Tod seine Not
auf ein wächsernes Gesicht
und Worte verlieren ihren Sinn.
Rot ist das Blut und die Tage blau.
Irgendwo tempelt sich Gott
in ein verzweifeltes Herz
trostverweigernd.

Ein Mann hebt die Faust
gegen sein Gebot.

Gott ist groß

sagt eine Frau
gedankenlos

במקום כלשהו

בְּמָקוֹם כָּלְשֶׁהוּ זוֹכָה הַשַּׁלְוָה לְמַשְׁמָעוּת
הוֹפֶכֶת אֶת הַסְּבַךְ
לְכְחִילוּת
אִישׁ שׁוֹלֵחַ אֶת אֶגְרוֹפוֹ
נֶגֶד הַקבּ"ה.

בְּמָקוֹם כָּלְשֶׁהוּ מְנַגֵּן הַמָּוֶת אֶת מְצוּקָתוֹ
עַל פְּנֵי־שַׁוְעָה שֶׁל אִישׁ
וּמִלִּים מְאַבְּדוֹת אֶת מַשְׁמָעוּתָן.

הַדָּם מַאֲדִים וְהַיָּמִים תְּכֻלִּים.

בְּמָקוֹם כָּלְשֶׁהוּ מַעְפִּיל הַקבּ"ה
אֶל לֵב מְיֹאָשׁ
מוֹנֵעַ־נֶחָמוֹת.

אִישׁ שׁוֹלֵחַ אֶגְרוֹפוֹ
נֶגֶד מִצְוָתוֹ.

אֱלֹהִים גָּדוֹל

אוֹמֶרֶת אִשָּׁה
בְּהֶסַּח הַדַּעַת.

תרגום מגרמנית

Gebete steigen auf

Um das gekrümmte Gebet
wird es still
im Gotteshaus
Totenhaus

Rippe – Seelenfragment
nicht vorbedacht

Verlust, an dem wir noch immer kranken
von Blut zu Blut
über zernagter Wirklichkeit
und gegen sie

Gebete steigen auf
wie Regen,
der den Abend überspringt

Ein rotes Wasserspiel um die Lampen

Alles andere ist dunkel und blau,
nur die Eintagsmücken tanzen

תפלות עולות אל על

סָבִיב לַתְּפִלָּה הַכְּפוּפָה
נִרְגַּע הַקּוֹל
בְּבֵית־הָאֵל
בֵּית־הַמֵּתִים,
צֵלָע – קֶטַע שֶׁל נְשָׁמָה
לֹא מְחֻשָּׁב מֵרֹאשׁ,
הֶפְסֵד שֶׁבּוֹ אָנוּ עֲדַיִן מִתְרַפְּאִים
מִדָּם לְדָם
מֵעַל מְצִיאוּת מְכֻרְסֶמֶת
וּנְגֻדָּה.

תְּפִלּוֹת עוֹלוֹת אֶל עָל
כְּמוֹ גֶּשֶׁם
הַמְדַלֵּג עַל הַלַּיִל.

מִשְׂחַק־מַיִם אָדֹם סָבִיב לָאוֹרוֹת
כָּל דָּבָר אַחֵר אָפֵל וְכָחֹל.

רַק יַתּוּשִׁים־שֶׁל־יוֹם־אֶחָד רוֹקְדִים
אֶת רִקּוּדָם הַמְטֹרָף אֶל הָאוֹר.

תרגום מגרמנית

Er

In seine Taubheit eingeschlossen
eine Wundermuschel
der Ruh,
bestürmt
von allen Aussichten dieser Eingeschlossenheit
die in ihr verkörpert sind

In seine Taubheit eingeschlossen
wie auf einer Trauminsel
vereinsamt und für sich bestimmt
Die am Meeresufer sich brechenden Wellen –
seine Kinder
deren Stimmen nur er hört

er der Ur-Ur-Urenkel
Ludwig van Beethovens vielleicht
ein alternder Bettler der Verrückte genannt
auf der Straßenecke King George-Ben Jehuda
der Heiligen Stadt

Aus dem Hebräischen vom Autor

הוא

הוּא הִסְתַּגֵּר בְּחֵרְשׁוּתוֹ
כְּמוֹ בְּקוֹנְכִית־פֶּלֶא
שֶׁל דְּמָמָה,
נִסְעָר מֵעַצְמוֹ
מִכָּל הָאֶפְשָׁרֻיּוֹת שֶׁל הִסְתַּגְּרוּת זוֹ
הַגְּלוּמוֹת בָּהּ.

הוּא הִסְתַּגֵּר בְּחֵרְשׁוּתוֹ
כְּמוֹ בְּאִי שֶׁחָלַם פַּעַם בְּיַלְדוּתוֹ
מְבֻדָּד וְקַיָּם לְעַצְמוֹ,
הַגַּלִּים הַנִּשְׁבָּרִים עַל חוֹף־הַיָּם
הָיוּ יְלָדָיו שֶׁאֶת קוֹלָם בִּלְבַד
הוּא שָׁמַע

הוּא שֶׁהָיָה אוּלַי נִין־נִינוֹ שֶׁל לוּדְבִיג וַן בֶּטְהוֹבֵן –
פּוֹשֵׁט־יָד מִזְדַּקֵּן, מְכֻנֶּה הַמְשֻׁגָּע, בְּקֶרֶן הָרְחוֹב
קִינְג גּ'וֹרְג'
בְּעִיר הַקֹּדֶשׁ שֶׁלְּךָ.

Und die Kinder sangen Haleluja

Jemand wusste dass Gott nicht sei
jemand wollte seinen eigenen Gott
jemand meißelte auf die Tafel
den einzigen Tag
erzählte kurze Geschichten vom Sinai
zerbrach die Tage
wie Splitter auf dem Hohen Berg
schuf für sich den Propheten Elias
auf dem Weg zu Gott
öffnete die Tür und erhob das Glas
richtete auf seine Schläfe
den Revolverlauf
und drückte nicht ab

Jemand fand seinen Gott
wo die Tage nicht mehr waren
und die Kinder sangen Haleluja
in den menschenleeren Straßen

והילדים שרו הללויה

מִישֶׁהוּ יָדַע שֶׁאֱלֹהִים לֹא קַיָּם,
מִישֶׁהוּ רָצָה שֶׁיִּהְיֶה לוֹ אֱלֹהִים,
מִישֶׁהוּ פִּסֵּל לְעַצְמוֹ אֱלֹהִים פְּרָטִי לַחֲלוּטִין,
סִפֵּר לְעַצְמוֹ סִפּוּרִים עַל אֱלֹהִים,
מִישֶׁהוּ שָׁבַר אֶת הַיָּמִים שֶׁלּוֹ,
לְשִׁבְרֵי שְׁבָרִים כְּמוֹ דִּבְּרוֹת,
בָּרָא לְעַצְמוֹ אֶת אֵלִיָּהוּ הַנָּבִיא
בְּשָׁלָב מֻקְדָּם לֶאֱמוּנָה עִוֶּרֶת,
פָּתַח אֶת הַדֶּלֶת וְהֵרִים אֶת הַכּוֹס,
לְאַחַר מִכֵּן כִּוֵּן אֶת הָאֶקְדָּח לְרַקָּתוֹ,
מִישֶׁהוּ מָצָא אֶת אֱלֹהָיו וְשָׁב
אֶל שָׁמָיו שֶׁהִפְקִיר בְּטֶרֶם יָדַע,
מִישֶׁהוּ מָצָא אֶת אֱלֹהָיו.

וְהַיְלָדִים שָׁרוּ הַלְלוּיָהּ
בִּרְחוֹבוֹת רֵיקִים מֵאָדָם.

Hof in einem verlassenen Café

Erinnerung an Café Peter

Hof in einem verlassenen Café –
einige zerbrochene Stühle
und gebeugte Bäume bis fast zur Erde hinab
unter herbstlicher Last.
Verklungene Stimmen kehren wieder
und all die Paare die
mit ihrem Geheimnis hergekommen waren –
den niebesiegten Gewissensbissen
des Körpers und der Seele
und auch jene Unruhe der von Dichtern
unnütz zerblätterten Gespräche
aber auch die Stille jener Gedichte
eines unverbesserlichen Mannes
der verrückt war nach Herbst.
Es scheint, der Wind habe endgültig
die großen und kleinen Erinnerungen
einer Wanduhr hinweggefegt
die vor lauter Alter vergessen hatte
die Zeit zu registrieren
stehen blieb und verstummt war.
Im Hofe tanzen noch immer Blätter
nichtwissend was und wie zu verbergen ist
oder zu enthüllen vom Arsenal der Vergangenheit
die geläuterte Innerlichkeit war
und am Ende vielleicht ein Verlust
(der nicht wieder gut zu machen ist).

חצר בבית־קפה עזוב

לזכר בית־הקפה "פטר" בבקעה שבעיר הקודש

חָצֵר בְּבֵית־קָפֶה עָזוּב
כַּמָּה כִּסְאוֹת־נוֹחַ שְׁבוּרִים
וְעֵצִים רְכוּנִים קִמְעָה
הַמִּתְנַעֲרִים מִמִּטְעָנָם הַסְּתָוִי.
קוֹלוֹת שֶׁנָּדַמּוּ שָׁבִים כְּאִלּוּ
שֵׁנִית אֵלֶיהָ
יַחַד עִם אוֹתָם זוּגוֹת
שֶׁבָּאוּ בְּמַחְתֶּרֶת אַהֲבָתָם הַסְּמוּיָה
שֶׁמָּא כְּדֵי לִמְצֹא אֶת עַצְמָם
שֶׁמָּא כְּדֵי לִמְצֹא אֶת גַּן־עֶדְנָם הָאָבוּד –
מָרֵי־גּוֹרָל לֹא מְנֻצָּחִים דַּיָּם.
גַּם אוֹתוֹ אִי־שֶׁקֶט חוֹזֵר שֶׁל שִׂיחוֹת־סְרָק
בֵּין כּוֹתְבֵי־שִׁירָה לְבֵין עַצְמָם
וּדְמֻיּוֹת שִׁיר כְּנֶגְדָּם
שֶׁל אִישׁ אֶחָד לְלֹא־תַּקָּנָה
מְטֹרָף לִסְתָו.

נִדְמֶה שֶׁהָרוּחַ רוֹצָה לְטַאטֵא סוֹפִית
אֶת כָּל הַזִּכְרוֹנוֹת בְּמְחִי אֶחָד
וְגַם אֶת הַזִּכָּרוֹן עַל אוֹדוֹת
אוֹתוֹ שְׁעוֹן־הַקִּיר
שֶׁשָּׁכַח בְּרֶגַע מְסֻיָּם
לְסַפֵּר אֶת זְמַנּוֹ מֵרֹב זִקְנָה,
עָמַד מִלֶּכֶת וְנָדַם.

Die Zeit ist vergangen und auch die Raben
sind nicht mehr da die in den Wipfeln
der Kiefern gehaust ohne Sorgen
was der Morgen bringt – einfach so.

בְּחָצֵר רוֹקְדִים עֲדַיִן עָלִים בָּרוּחַ
וְאֵינָם יוֹדְעִים מָה עוֹד לַחֲשֹׂף
וּמַה לְּהַסְתִּיר מִן הַדְּבָרִים שֶׁקָּרוּ
וְהָיוּ מַשְׁמָעוּתִיִּים וּפְנִים אֲמִתִּי
וּבְסוֹפוֹ שֶׁל דָּבָר אֲבֵדוֹת שֶׁאֵין לָהֶן כַּפָּרָה.
חֲצַר בֵּית־הַקָּפֶה הַמְיֻתָּם
הָפְכָה לְחֵלֶק שֶׁל נֶפֶשׁ וָדָם.

רַק הָעוֹרְבִים עֲדַיִן
אוֹתָם שׁוֹכְנֵי־עֵצִים
אוֹתָם מְנַצְּחִים לְלֹא־עַרְעָר
בַּחֲלֹף־הַזְּמַן – אֲדִישִׁים עַד עֹמֶק נַפְשָׁם
וְשַׁיָּכִים

Im Café „Mille feuilles" zu Jerusalem

Ins Café „Mille feuilles“
tritt ein sonniger Wintertag,
im Herzen der Stadt,
setzt sich und lächelt mir
seine breitästigen Bäume zu.

Sein blauer Blick ruft in mir ein Dorf
zurück, eine Wolke, die über einem Brunnen hängt,
eine Frau, die Kübel schwenkt,
als wäre sie in sich selbst vernarrt,
zwischen Fichten sucht ein Specht sein Nest,
klopft einen Traum. Gib mir den Traum
eines Spechtes zurück, den narrigen!

Es war einmal des Bauern Zeit
zu steigen ins Tal. Gib mir die Hand jetzt,
dass ich vergesse und werde was ich bin,
gib mir den grünen Stein und
lass mich sein was ich bin – weiterhin.

Die Geschichte beginnt von dieser Stunde an
und endet nie und vergibt nie was war.
Leben ein Traum vielleicht. Die Hand auf der Wand
schreibt deine Worte auf, im Café „Mille feuilles“.
Der sonnige Wintertag reift in mir rebenmild.

בבית הקפה "Mille feuilles"* בירושלים

לְבֵית הַקָּפֶה "מִיל פֵּי" בְּלֵב הָעִיר
נִכְנָס יוֹם חָרְפִּי שְׁטוּף אוֹר־הַחַמָּה,
מִתְיַשֵּׁב עַל יָדִי וּמְחַיֵּךְ אֵלַי
אֶת עֵצָיו רַחֲבֵי־עָנָף בִּלְתִּי נִרְאִים.
מַבָּטוֹ הַכָּחֹל קוֹרֵא לִי לָשׁוּב –
כְּפָר נִדָּח, עֲנָנָה תְּלוּיָה עַל בְּאֵר
אִשָּׁה מְנַפְנֶפֶת בִּדְלָיִים
כְּאִלּוּ הָיְתָה מִתְגָּאָה בְּעַצְמָהּ,
בֵּין עֲצֵי־אַשּׁוּחַ מְחַפֵּשׂ נַקָּר אֶת קִנּוֹ
מַקִּישׁ חֲלוֹם. תֵּן לִי בַּחֲזָרָה אֶת חֲלוֹמוֹ
הַמְטֹרָף שֶׁל נַקָּר.

הָעִדָּן הָיָה פַּעַם עִדָּנוֹ שֶׁל אִכָּר
הַיּוֹרֵד אֶל הַגַּיְא. תֵּן לִי אֶת יָדְךָ
שֶׁאֶשְׁכַּח הַכֹּל וְאֵהָפֵךְ לְמַה שֶּׁאֲנִי עַכְשָׁו.
תֵּן לִי אֶת הָאֶבֶן הַיְרֻקָּה וְתַרְשֶׁה לִי
לִהְיוֹת מַה שֶּׁאֲנִי כָּעֵת וְגַם עָתִיד לִהְיוֹת.

הַהִיסְטוֹרְיָה מַתְחִילָה בְּרֶגַע זֶה
וְלֹא תִּסְתַּיֵּם וְלֹא תִּמְחַל לְעוֹלָם עַל מַה שֶּׁהָיָה.
חֲלוֹם שֶׁל חַיִּים אוּלַי. הַיָּד רוֹשֶׁמֶת עַל הַקִּיר
אֶת מִדּוֹתֶיךָ בְּבֵית הַקָּפֶה מִיל פֵּי.
הַיּוֹם שְׁטוּף אוֹר־הַחַמָּה מַבְשִׁיל בִּי אֶשְׁכּוֹל
מְלֵא־עֲנָבִים. אֲנִי בָּא אֵלֶיךָ מִן הָאַיִן
בְּשֵׂאתְךָ אֶל אֶרֶץ הַיְעוּדָה, מַחֲזִיק אֶת יָדְךָ
בְּלִי לְהִשְׁתַּחֲווֹת אַךְ גַּם בְּלִי לְהִשְׁתַּנּוֹת.

Ich komme zu dir vom Nichts und trage dich
ins verkündete Land und halte deine Hand
und werde nicht wie du.
Die Geschichte – eine blinde Wand des Vaters,
der verschwundene Morgen eines Kindes von einst,
die geliebte Mutter, so viel fast vergessene Vergangenheit,
dass man singen und weinen könnt.
Auf der Straße spielt „Kalinka“ ein russischer Musikant.

הַהִיסְטוֹרְיָה – קִיר אִלֵּם שֶׁל אָבִי.
בֹּקֶר נֶעְלָם שֶׁל יֶלֶד־מִפַּעַם, הָאֵם הָאֲהוּבָה.

בָּרְחוֹב שָׁר מוּסִיקַאי רוּסִי אֶת הַ"קַלִינְקָה" שֶׁלּוֹ.

*"אלף עלים", *שם של עוגה צרפתית.*

Ich bin ein Schneemann in der Heiligen Stadt

Ich bin ein Schneemann in der Heiligen Stadt
mit gespreizten Beinen
und Armen, die in die Höhe steigen

Ich lebe ganz kurz
in den Vororten der Stadt,
wachse aus der weißen Kühle in mich hinein,
lasse die Stürme der Seele
hinter mir zurück

Ich vereise manchmal
bis in des Himmels Mitte –
ein klobiger Mann mit gespreizten Beinen,
meine Arme sind Besenstiele

Ich spiele manchmal
mit den Mäusen im Wind
wie ein Hampelmann,
meine Nase ist aus Kohle,
mein Mund das Segment eines Blutgerinnsels

Bevor ich dahinschmelze
tanzen die heiligen Kinder
ihren Indianerreigen um mich

Und der Häuptling haut mein Haupt ab

Nachdichtung aus dem Hebräischen

אני איש השלג בעיר הקדש

אֲנִי אִישׁ הַשֶּׁלֶג בְּעִיר הַקֹּדֶשׁ,
רַגְלַי פְּשׂוּקוֹת
וְיָדַי מוּרָמוֹת אֶל עָל.
אֲנִי חַי זְמַן קָצוּב בִּלְבַד
בְּפַרְבְּרֵי־הָעִיר
עוֹלֶה מֵהַקֹּר הַלָּבָן אֶל תּוֹךְ עַצְמִי,
מַשְׁאִיר מֵאֲחוֹרַי אֶת
סַעֲרוֹת הַנְּשָׁמָה.

אֲנִי קוֹפֵא לִפְעָמִים
עַד לֵב הָרָקִיעַ –
אִישׁ מְגֻשָּׁם שֶׁרַגְלָיו פְּשׂוּקוֹת
וּזְרוֹעוֹתָיו שְׁנֵי מוֹטוֹת שֶׁל מַטְאֲטֵא.

אֲנִי מְשַׂחֵק לִפְעָמִים
עִם עַכְבָּרִים בָּרוּחַ
כְּמוֹ מֵקְיוֹן,
אַפִּי מִפֶּחָם
וּפִי קַו חֲצִי־עָגֹל שֶׁל דָּם.

טֶרֶם אִמַּס כָּלִיל
רוֹקְדִים יַלְדֵי הַקֹּדֶשׁ סְבִיבִי
אֶת מְחוֹלָם הָאִינְדִיאָנִי
וְרֹאשׁ־הַשֵּׁבֶט עוֹרֵף אֶת רֹאשִׁי.

Die Stare

Du sahst die schwarze Perlenkette
der Stare
drahten auf den Antennen
bis in den späten Sonnenuntergang hinein
über die Säume der Dächer.
Du sahst sie dann im Nachtasyl
eines Baumes
durcheinanderfliegen
bis an den Rand der Dunkelheit
hörtest ihr wildes Hadern um einen Platz
für die Nacht
und die vollkommene Stille einer Ohnmacht
des Nächtlichen dann –
erstarrte Zeichen einer kommenden Eiszeit vielleicht
im romantischsten Mondschein – Runen

תמונה עם זרזירים בירושלים

אַנְטֶנוֹת עֲמוּסוֹת זַרְזִירִים
שְׁתוּלִים עַל חוּט עָבֶה
כְּמוֹ אַלְמֻגִּים כֵּהִים –
אֶתְגָּר לַשְּׁקִיעָה.
וּפִתְאֹם מְהוּמָה שֶׁל קוֹלוֹת
לִקְרַאת שָׁמַיִם,
בְּרִיחָה אֶל הָאַיִן
בְּחָפְזָה רַבָּה –
עָנָן קָטָן וְלֵילִי
בָּרָקִיעַ מָאְדָּם,
שִׁיבָה מַפְתִּיעָה אֶל הַגַּג,
מְרִיבָה,
מִתְקוֹטְטִים,
הַמַּתְקִיף זוֹכֶה תָּמִיד,
גַּם בְּעִיר הַקֹּדֶשׁ
מִתַּחַת לִזְהַב הַשְּׁקִיעָה.

Wahnsinnsbild aus Safed

Die schwarzen Pferde der Erinnerung
galoppieren durch den Abend
den Pausen ihres Dunkelseins,
steigen in Nächten auf rote Dächer
steigen in Nächten
rasen durch den Abend –
die schwarzen Pferde der langen Landungen.
Wir gehen ihnen
kopfbedeckt entgegen
verzagen auf ihren Wegen tausendmal
erwachen zum schwarzen Leben
wir die Kinder des Untergangs
schreiten zum Mitternachtgebet
mit langen weißen Bärten
und Händen gefächert wie Flügel,
von Fledermäusen
einer zackigen Zeit umkreist.
Sie ahnen die Zeiten zu Gott
in Rätseln der Zahlen

תמונת שגעון בצפת

הַסּוּסִים הַשְּׁחֹרִים שֶׁל הַזִּכְרוֹנוֹת
דּוֹהֲרִים בָּעֶרֶב
בֵּין פִּרְחֵי־הָאַגָּדוֹת
עוֹלִים בַּלֵּילוֹת עַל גַּגּוֹת אֲדֻמִּים
דּוֹהֲרִים בָּעֶרֶב
עוֹלִים בְּלֵילוֹת
הַסּוּסִים הַשְּׁחֹרִים שֶׁל הַהַפְלָגוֹת.

אָנוּ יוֹצְאִים לִקְרָאתָם
מְכֻסֵּי־רֹאשׁ
חוֹבְשֵׁי כִּפּוֹת שְׁחֹרוֹת
אָנוּ מֵתִים דַּרְכָּם אֶלֶף פַּעַם
אָנוּ קָמִים לְחַיִּים שְׁחֹרִים
אָנוּ אַנְשֵׁי הָאֲבַדּוֹן
אָנוּ אַנְשֵׁי הָאֱמוּנָה
יוֹצְאִים לְתִקּוּן־חֲצוֹת
בַּעֲלֵי זִקְנֵי־שֵׂיבָה וְיָדַיִם שֶׁל עֲטַלֵּף

Zwei Obrigkeiten hörig (Poesie und Plastik)

Ich erfinde verschlungene nicht erklärbare Bewegungen
sie schwingen sich in sich selber ein
steigen und fallen
alles mündet in diese Verschlingung –
ein Ding geht ins andere über
Umarmung in Umarmung
Glied mit Glied.

Niemand kennt den Anfang
und niemand das Ende der Tage.
Ich selber staune über mein Bestehen,
wie auf eine Wagschale gelegt verbleibe ich –
Sklave des Geistes und der verrückten Materie.

Die Hände runden eine lange Geschichte
zerlegen sie in Einheiten des Schattenraums.
Im Anfang schuf …
Mann und Frau auf dem Gipfel ihrer ersehnten Begegnung.

Das Gedicht. Weiche Materie erwacht aus ihrem Schlaf,
meine Hände gleiten ruhelos über sie
wie über den Körper einer Frau.
Doch morgen hebt schon wieder ein Tag des Irrens an,
aus seinen Falten steigt auf das Gedicht,
ich entferne mich und bleibe mitverwandt –
zwei Obrigkeiten hörig, pendle ich auf einem dünnen Seil
hin und her vom Aufstiegspunkt – wohin, zu wem, wozu?

כפוף לשתי רשיות
(פְּסוּל וְשִׁיר)

אֲנִי מַמְצִיא תְּנוּעוֹת מְקֻשָּׁתוֹת
שֶׁאֵין בָּהֶן מֶסֶר
הֵן מִתְכַּנְּפוֹת אֶל תּוֹךְ עַצְמָן
עוֹלוֹת וְיוֹרְדוֹת.
הַכֹּל מִשְׁתַּפֵּךְ בִּתְנוּעָה –
דָּבָר נִכְנָס אֶל תּוֹךְ דָּבָר,
חִבּוּק בְּתוֹךְ חִבּוּק
אֵיבָר עִם אֵיבָר.

אִישׁ אֵינוֹ יוֹדֵעַ הֵיכָן הָרֵאשִׁית
וְהֵיכָן סוֹף הָאַחֲרִית.
אֲנִי עַצְמִי תּוֹהֶה עַל עֶצֶם הֱיוֹתִי
מֻנָּח עַל כַּף־הַמֹּאזְנַיִם,
עֶבֶד שֶׁל רוּחַ וְעֶבֶד שֶׁל חֹמֶר מְטֹרָף.

הַיָּדַיִם מְעַגְּלוֹת הִיסְטוֹרְיָה אֲרֻכָּה
וּמְפָרְקוֹת אוֹתָהּ לִיחִידוֹת שֶׁל צֵל.
בְּרֵאשִׁית בָּרָא ...
אִישׁ וְאִשָּׁה עַל פִּסְגַּת פְּגִישָׁתָם הַנִּכְסֶפֶת.

הַשִּׁיר, חֹמֶר רַךְ, יוֹצֵא מִקִּפְּאוֹנוֹ,
יָדַי עוֹבְרוֹת עָלָיו כְּמוֹ עַל גּוּף אִשָּׁה
וְאֵינָן יְכוֹלוֹת לְהֵרָגַע.
וּמָחָר שׁוּב יוֹם חָדָשׁ לְטֵרוּפִים,
מִקִּפּוּלָיו יֵצֵא הַשִּׁיר
וַאֲנִי אֶרְחַק וַאֲנִי אֶשָּׁאֵר צָמוּד אֵלָיו,

Worte und Bewegungen ziehen die Grenze meiner Endlichkeit

Bearbeitet aus dem Hebräischen

כָּפוּף לִשְׁתֵּי רָשֻׁיּוֹת, תָּלוּי עַל חֶבֶל דַּק
בִּנְקֻדַּת הַמַּרְאָה לְשָׁם – אֶל מָה אוֹ אֶל מִי?
מִלִּים וּתְנוּעוֹת קוֹבְעוֹת אֶת גְּבוּל הַסּוֹפִיּוּת שֶׁלִּי.

Was uns geblieben

für Anathi

Wo du gestanden wird niemand mehr stehen,
wo du liegst bedeckt dich ein Stein,
wie du von uns gegangen
wird ein Rätsel bleiben,
was du hinterlassen
wühlt sich immer tiefer ein

Wo du jetzt bist
ist das Niemandsland,
was uns geblieben – Erinnerung
Unser Stummsein
Wühlt sich immer tiefer ein

מה שנשאר לנו

לענת ע"ה

בַּמָּקוֹם שֶׁאַתְּ עָמַדְתְּ לֹא יַעֲמֹד עוֹד אִישׁ
בַּמָּקוֹם שֶׁאַתְּ שׁוֹכֶבֶת מְכַסָּה אוֹתָךְ אֶבֶן
כֵּיצַד אַתְּ עָזַבְתְּ אוֹתָנוּ
תִּשָּׁאֵר חִידָה לָעַד
מַה שֶּׁהִשְׁאַרְתְּ
נוֹבֵר וּמַעֲמִיק יוֹתֵר וְיוֹתֵר.

בַּמָּקוֹם שֶׁאַתְּ נִמְצֵאת
מִתְפָּרֶשֶׂת אֶרֶץ מֵעֵבֶר לַזְּמַן.
מַה שֶּׁנִּשְׁאָר מִמֵּךְ – זִכָּרוֹן וְתוּ־לֹא.

אִלְמוּתֵנוּ
תִּנְבֹּר וְתַעֲמִיק יוֹתֵר וְיוֹתֵר
וְלֹא נֵרֵד אֶל סוֹף עָמְקָהּ.

IV. Unpublizierte hebräische Gedichte aus dem Nachlass in zweisprachiger Fassung

Im Emek Jisrael

Herbst im schrägen Sonnenlicht
wird zum Herbst
starker Konturen,
auf langen Schatten
treiben Wolkenkinder
klaren Himmeln zu
und das gilbende Gras wellt sich
weithin zum Tal der Bienen.
Er aber trägt schon
renaissancegestickte Matten
übers Herz meiner Felsen und Berge.
Ich nage an der Wehmut
von Seinem kupfernen Brot
zernage die Stille
zu einem einzigen Augenblick
der Liebe und Überwindung.
Aus einer Höhle im Wadi
steigen Psalmen auf.

בעמק יזרעאל

אוֹר בְּלִי סְתָו
הוֹפֵךְ לִסְתָו
קַוִּים עַזִּים
מֵעַל צְלָלִים מִתְאָרְכִים
גּוֹלְשִׁים הָעֲנָנִים
אֶל שָׁמַיִם בְּהִירִים
וְהָעֵשֶׂב הַצָּהֹב מִתְפַּתֵּל אֶל עֵמֶק הַדְּבוֹרִים
אֲבָל הָרוּחַ נוֹשֵׂאת
מַחְצְלוֹת הָרֶנֵסַנְס
מֵעַל לֵב הַסְּלָעִים
וְעַל הֶהָרִים שֶׁלִּי
אֲנִי מְכַרְסֵם דְּבַר־מָה מִתּוּגַת לַחֲמוֹ הַנְּחֹשְׁתִּי שֶׁל אֱלֹהִים
מְכַרְסֵם כָּלִיל אֶת דְּמָמַת־הַחֲרוּזִים שֶׁלִּי
עַד כְּדֵי רֶגַע אֶחָד וִיחִידִי
שֶׁל אַהֲבָה, וְסַכָּנָה
וְעַד הַדִּין הַנִּצְחִי

Kommt ein weißer Elefant

Abends wenn die Hände
Nächtliches heben
wie reife Frucht
und den Rest der Reben
wenn wir uns selbst unter
den Sternen verschweigen
kommt ein weißer Elefant
und reift auf uns
die Weisheit seiner Zweige
und der Ähren
ein weißer Elefant vom Lande der Verlorenen
und lehrt uns das Vererben
und Weitergeben
ein weißer Elefant
im Sterben unserer Zeit
und ihrem Wiederwerden

בא פיל לבן

עֶרֶב כְּשֶׁיָּדַיִם נוֹשְׂאוֹת
אֶת דְּבַר־הַלַּיִל
כְּמוֹ פְּרִי בָּשֵׁל
וְאֶת חֲלוּצַת הַכְּרָמִים
כְּשֶׁאֲנַחְנוּ מַשְׁתִּיקִים אֶת עַצְמֵנוּ
מִתַּחַת לַכּוֹכָבִים
בָּא פִּיל לָבָן
וּמַבְדִּיל עָלֵינוּ
אֶת חָכְמַת לַחֲמוֹ
וּתְבוּאָתוֹ
פִּיל לָבָן מֵאֶרֶץ הָאֲבוּדִים
וּמְלַמְּדֵנוּ אֶת הַמּוֹרָשָׁה
אֶת הֶמְשֵׁךְ הַנְּתִינָה
פִּיל לָבָן
וּגְסִיסָתוֹ שֶׁל הָעַד

Hände – große Spaten des Dunkels
graben Erde wach
über den Augen der Toten
im Gräserhaar der Liebenden
schaufeln schwarze Rosen wach
die verbliebene Kühle
eines Abends.

Wer hört das Ahnen der Steine jetzt
über deinem Alleinsein
und der Kerzen erdwärts
gebogene Flammen,
wer dein Suchen?

Sieh, es flackert ein Schein
vom andern Leben auf
und die Ewigkeit höhlt
die Wangen der Lebenden
die Wangen der Liebenden.

Wenn du allein bist, komme ich zu dir,
die Zeit hat mich verwaist.

Die dunkelsilbernde Sonne
kämmt sich durch die Lider
der Toten
der Liebenden.

שיר אהבה

יָדַיִם – אֵתִים גְּדוֹלִים שֶׁל הַחֲשֵׁכָה
שׁוֹפִים אֲדָמָה
מֵעַל עֵינֵי הַמֵּתִים
בָּעֵשֶׂב הַשָּׂעִיר שֶׁל הַחַיִּים
מְעִירִים וְרָדִים שְׁחֹרִים –
קְרִירוּת עֶרֶב שֶׁל נְשִׁימָה
שְׁנוֹת רֹב אֲחַכֶּה לָךְ

מִי שׁוֹמֵעַ אֶת בְּכִי הָאֲבָנִים עַתָּה
מֵעַל בְּדִידוּתֵךְ
אֶת חֲצִי־הַסַּיִף שֶׁל נֵרוֹת
רְכוּנִים אֶל־פְּנֵי הָאֲדָמָה?
וְאֶת חִפּוּשַׂיִךְ.

רְאִי, מְהַבְהֶבֶת קֶרֶן־אוֹר
שֶׁל הַחַיִּים הָאֲחֵרִים
וְהַנֶּצַח מְקַעֵר אֶת לֶחְיָם שֶׁל הַחַיִּים
וְאֶת לְחָיֵי הָאֹהָבִים

כְּשֶׁתְּהִי לְבַדֵּךְ אָבוֹא
יוֹם אֶחָד כְּשֶׁהַשֶּׁמֶשׁ זוֹרַחַת
מִבַּעַד רִיסֵי הַמֵּתִים
רִיסֵי הָאֹהָבִים

Mit dem Gesicht zum Zionsberg

Gott der Fremdheit,
wohin geh ich,
wenn ich steh
und die Götter mich lebend beerben wollen?

In das gelbgrüne Gras
mit dem Schilf,
wo die Windmühle steht
und die Sonne am weiten Himmel untergeht,
näher kommt,
wo dich die alterslose Frau berührt,
als wären wir zwei in einem Schattenbild?

Der Liebe zweifaches Schwert
auf dem gelben Weg zur Ölbergsruh,
die den Himmel bald verschlingen wird

עם הפנים אל הר ציון

אֱלֹהֵי הַזָּרוּת
הֵיכָן אֲנִי הוֹלֵךְ
בְּעָמְדִי כָּאן
בְּעוֹד אֵלִים חֲפֵצִים לָרֶשֶׁת עַצְמִי?

אֶל הָעֵשֶׂב צְהַב־הַיְּרַקְרַק
עִם קְנֵה הַסּוּף,
מוּל תַּחֲנַת הָרוּחַ
הַרְחֵק בַּשָּׁמַיִם שׁוֹקַעַת הַשֶּׁמֶשׁ
מִתְקָרֶבֶת לְאַט לְאַט
נוֹגַעַת בָּךְ – אִשָּׁה לְלֹא גִּיל
כְּאִלּוּ הָיִינוּ שְׁנַיִם – שְׁנַיִם בִּתְמוּנַת־צְלָלִים אֲחֵרִים?

הַחֶרֶב הַכְּפוּלָה שֶׁל הָאַהֲבָה,
מִשְׂחָק בְּאוֹרוֹת שֶׁל שִׂנְאָה
בַּדֶּרֶךְ הַצְּהֻבָּה אֶל הַר הַזֵּיתִים
אֲשֶׁר הַשֶּׁמֶשׁ תִּבְלָעֶהָ בְּסוֹפוֹ שֶׁל דָּבָר

In der Eisenbahn (von Salzburg nach München)

Schwarzhund am frühen Morgen
Wo sahen wir dich
als die Gipfel sich weiteten
im weißen Schnee
den Tälern zu

Ein Kinderweinen im Waggon
das betrüben will
fremd und steil

Ein Mann der noch
kommen könnte
gegen unsren Willen
von den Höhen herab

Er hat das neblige Haar von Fremden
in seiner Hand hält er Schimären

Wir sind schon erfahrener
als wirs gestern waren
doch die Räder rollen unter uns hinweg
wir halten uns an den Händen im Schlaf
der uns gefangen hält
wolfsgrubenstill

Berchtesgaden liegt irgendwo wieder
vielleicht schon ganz nah
ich schnalle mich fest an den Sitz

הרהורי מסע ברכבת

כֶּלֶב שָׁחֹר בַּבֹּקֶר מֻקְדָּם
הֵיכָן רָאִינוּ אוֹתְךָ
כַּאֲשֶׁר הַפִּסְגּוֹת מְכֻסּוֹת בְּשֶׁלֶג לָבָן
וְהָעֲמָקִים הִתְרַחֲבוּ
לִקְרַאת הֶהָרִים

בְּכִי יְלָדִים
רוֹצֶה לְהַעֲצִיב
אֶרֶץ־קֶדֶם שֶׁעָלֵינוּ לְהַכִּיר
זָרָה וַחֲלוּלָה

יָדִיד שֶׁחָפַץ
לָבוֹא
נֶגֶד רְצוֹנֵנוּ
מִן הַגְּבָהִים –
הוּא בַּעַל שֵׂעָר עַרְפִלִּי שֶׁל נָכְרִים
בְּיָדָיו דְּרָכֵינוּ נָחוֹת

אָנוּ כְּבָר מְנֻסִּים יוֹתֵר
מִמָּה שֶׁהָיִינוּ אֶתְמוֹל
חוֹשְׁשִׁים מֵהַמָּחָר כְּנֶגֶד הַזְּמַן
וְהַגַּלְגַּלִּים עוֹבְרִים עָלֵינוּ
אָנוּ יְשֵׁנִים יָד בְּיָד.

Romantik

Und die Berge gehen in uns ein
und die Felder versuchen ein Grün,
eine Amsel schlägt von den Himmeln an,
Katzen wühlen im Müll.

רומנטיקה

הָרִים שׁוֹקְעִים אֶל קִרְבֵּנוּ
וְהַשָּׂדוֹת מְנַסִּים לְהוֹרִיק
שַׁחֲרוּר פּוֹצֶה פִּיו מְלֹא הַשָּׁמַיִם
חֲתוּלִים נוֹבְרִים בָּאַשְׁפָּה

Rubinstein spielt im Radio

In meiner Bude der Vergangenheit
ist es dunkel und kühl
nur die Katzen
weinen sich
vom Dach
ins Fenster
meiner Nachbarin hinab

Rubinstein spielt im Radio
eine Sonate von Chopin

רובינשטיין מנגן ברדיו

רוּבִּינְשְׁטַיְין מְנַגֵּן בָּרַדְיוֹ.
בְּסוּכַּת הֶעָבָר שֶׁלִּי
חָשׁוּךְ וְקָרִיר
רַק חֲתוּלִים בּוֹכִים לִפְעָמִים
מִן הַגַּג מַטָּה
שֶׁל חַלּוֹנָהּ שֶׁל שְׁכֶנְתִּי

רוּבִּינְשְׁטַיְין מְנַגֵּן בָּרַדְיוֹ
סוֹנָטָה שֶׁל שׁוֹפֵּן.

Sanft-Sonne kämmt ihr Haar
über Hügel und Ketten der Berge –
leichtes Nebelhaar

Sanft-Sonne kämmt ihr Haar
auf die braune Erde,
auf das graue Aschengras,

und das grüne
wächst in den Himmel
mit den Kiefern
und der andern Bäume
hellgrünem Laub

Sanft-Sonne kämmt ihr Haar

Über den Wolken wölbt sich
des Himmels toter Spiegel

Gottes Himmel über den Wolken,
Gottes starres Lid,
sein kalter Blick
dringt durch die Wolken

Und des Regens feuchte Starre
rieselt bald auf meine gehöhlte
zu Ihm erhobene Hand –

Erde, meine Falle, Asche, das wunderbare Amselduett

שמש רכה

שֶׁמֶשׁ רַכָּה מְסָרֶקֶת אֶת שְׂעָרָהּ
מֵעַל גְּבָעוֹת וְגַלֵּי הֶהָרִים
שֵׂעָר קַלִּיל וַעֲרְפִלִּי

שֶׁמֶשׁ רַכָּה מְסָרֶקֶת אֶת שְׂעָרָהּ
עַל הָאֲדָמָה הַחוּמָה
עַל עֵשֶׂב־הָאֵפֶר הַמַּאֲפִיר

וְהַיָּרֹק צוֹמֵחַ
אֶל תּוֹךְ הָרָקִיעַ
עִם הָאֳרָנִים
וְהָעַלְוָה הַיְּרַקְרַקָּה
שֶׁל הָעֲנָפִים הָאֲחֵרִים

שֶׁמֶשׁ רַכָּה מְסָרֶקֶת אֶת שְׂעָרָהּ

מֵעַל הָעֲנָנִים מִתְקַמֵּר
הָרְאִי הַמֵּת שֶׁל הָרָקִיעַ

רָקִיעַ אֱלֹהִי מֵעַל הָעֲנָנִים
עַפְעַפָּיו הַקְּפוּאִים שֶׁל אֱלֹהִים
מַבָּטוֹ הַקָּפוּא
חוֹדֵר מִבַּעַד לָעֲנָנִים

וְהַקְּפִיאָה הַלַּחָה שֶׁל הַגֶּשֶׁם
----- עוֹד מְעַט עַל יָדֵי הָרוֹעֶדֶת
הַמּוּרֶמֶת לִקְרָאתוֹ

אֲדָמָה, מַלְכּוֹדֶת שֶׁלִּי, אֵפֶר, דּוּאֶט הַשַּׁחְרוּרִים הַנִּפְלָא

Mit den zerzausten Grasstummeln

Gras, auseinandergeschrieben
Celan, „Die Engführung“

In diesem Tag des Gedichtes
fällt auf den Steinweg
eine verbrannte Gestalt
von der Höhe des Gerüstes,
ein schwarzer Kohlenschatten
breitet sich über alle
Häuser und Wege aus.

Gestalten verwirken sich
mit den zerzausten Grasstummeln

Auf die Nacht jedoch
folgt noch immer ein Tag
ein Tag auf die Nacht,
und ich weiß nicht
wie mir geschehen ist –
Glasperlen rinnen mir durch die Finger
und weiße Mehlwolken ziehen am Horizont …

בגבעולי־עשב מרטטים

בַּיּוֹם הַזֶּה שֶׁל שִׁיר
נוֹפֵל עַל נְתִיב־הָאֶבֶן
דְּמוּת שְׂרוּפָה
מִגֹּבַהּ שֶׁל הַשֶּׁלֶד
צְלָלִית־פֶּחָם שְׁחֹרָה
מִתְפַּשֶּׁטֶת עַל כָּל הַבָּתִּים
מְכַסָּה אֶת כָּל הַדְּרָכִים כֻּלָּן

דְּמֻיּוֹת עַרְפִילִיּוֹת מִתְרַקְמוֹת
עִם גִּבְעוֹלֵי־עֵשֶׂב מְרֻטָּטִים
שֶׁל עָבָר שֶׁאֵין לְשָׁכְחוֹ

אוּלָם אַחֲרֵי כָּל לַיְלָה
בָּא עֲדַיִן הַיּוֹם
יוֹם לְאַחַר הַלַּיִל
וְאֵינֶנִּי יוֹדֵעַ כֵּיצַד זֶה קוֹרֶה –
חֲרוּזֵי זְכוּכִית גּוֹלְשִׁים מִבֵּין אֶצְבְּעוֹתַי
וּמֵעַל הָאֹפֶק חוֹלְפִים עַנְנֵי־קֶמַח לְבָנִים ...

In den tiefen Mulden der Zeit

In den tiefen Mulden der Zeit
verflackert einer einmaligen
Kerze Licht.
Es ist schon spät
über Mitternacht hinaus,
viel zu spät zum Briefeschreiben
an dich –
den Farben der Erinnerung
und der Poesie
nur ein Gedanke kommt vielleicht
der aufflackert im Traum
und vergessen wird

בשקתות עמוקים של הזמן

נִכְבָּה אוֹר שֶׁל נֵר
חַד־פַּעֲמִי.
כְּבָר מְאֻחָר
מֵעֵבֶר לַחֲצוֹת
מְאֻחָר מִדַּי לִכְתֹּב אֵלַיִךְ
מִכְתָּב
מְאֻחָר לִזְכֹּר צִבְעֵי הַשִּׁירָה
וְהֶעָבָר

Ich und der Hund Bim

So einsam blieben wir
ich und der Hund Bim
und nichts war als Erde
um uns herum
und das Rauschen der Ufer
vom Meer.

Der Himmel über dem Turm
verlor sein Tizianblau.

Wir gingen durch die Dünen,
auf die, in breiten Matten,
der Eukalyptusbäume
silberne Blätter,
gefallen waren.

In unsern Haaren erstarrte der Wind,
wie im Garten Eden stand ich da
und erwartete Adam gleich
Sein mahnendes Wort
im glühenden Sand.

Der Hund Bim blickte auf mich
wie aus einem Land der Götzen
gefallenem Bild.

אני והכלב בים

כֹּה בּוֹדְדִים נוֹתַרְנוּ
אֲנִי וְהַכֶּלֶב בַּיָּם
וְלֹא הָיָה שׁוּם דָּבָר
מִתַּחְתֵּנוּ פְּרָט לָאֲדָמָה.

הַשָּׁמַיִם מֵעַל לַמִּגְדָּל
אִבְּדוּ אֶת כְּחֹלָם הַטִּיצִיאָנִי.

הָלַכְנוּ מִבַּעַד לַדְּיוּנוֹת
שֶׁעֲלֵיהֶן נָשְׁרוּ בְּמַחְצָלוֹת עֲלֵי־כֶּסֶף
שֶׁל אֵיקָלִיפְּטוּסִים רָמֵי־גִּזְרָה.

הָרוּחַ נִסְמְרָה בִּשְׂעָרֵנוּ.
כְּמוֹ בְּגַן־עֵדֶן נִצַּבְתִּי שָׁם –
מְצַפֶּה בַּחוֹל הַלּוֹהֵט
לִדְבָרוֹ הַנִּשְׂגָּב
שֶׁל אֶתְמוֹל.

Die müden Kinder von Jerusalem

Die müden Kinder von Jerusalem
ich male sie mit Abend im Gesicht
und dem Rauschen der Westwinde,
behindert von Gottes Gewicht

Ich male die liegenden Frauen der Hügel
braun-violette Brüste
vor der eingekeilten Sonne der Wüste

Der große Westen hüllt wieder die Stadt
in rot-braune Schleier,
und die Habichte kreisen
über die Hänge und Höhen

Aus meinen Händen fallen Gewichte,
ich male das Echo ihres Falles,
des Grases dünne Spitzen und die
Stauden im zerfallenen Gemäuer,
das Keuchen der behaunen Steine –

Große knochige Jissacharhände
verkrampft im letzten Halleluja,
fügen wieder den ersten Quaderstein
ins zerfallende Gemäuer

אני מְצִיר

יְלָדֶיהָ הָעֲיֵפִים שֶׁל יְרוּשָׁלַיִם
אֲנִי מְצַיְּרָם עֶרֶב בִּפְנֵיהֶם

וְאֶת נְהִימָתַן שֶׁל רוּחוֹת
מוּטְרַד מִמִּשְׁקָלוֹ שֶׁל אֱלֹהִים.
אֲנִי מְצַיֵּר אֶת הַנָּשִׁים הַשְּׁכוּבוֹת שֶׁל הַגְּבָעוֹת
שָׁדַיִם בְּצֶבַע חוּם עַד סָגֹל
אֶת הַשֶּׁמֶשׁ הַלְּכוּדָה בַּמִּדְבָּר.

מַעֲרַב־יָתֵר עוֹטֵף אֶת הָעִיר
בִּצְעִיפִים שֶׁל חוּם וְאָדֹם
הָעֵיטִים חַגִּים
עַל מִדְרוֹנֶיהָ וּפִסְגוֹתֶיהָ הָרָמוֹת

מִתּוֹךְ יָדַי נוֹפְלוֹת מִשְׁקוֹלוֹת
אֲנִי מְצַיֵּר אֶת הֵדֵי נְפִילָתָם
אֶת חִצֵּי הָעֵשֶׂב הַדַּקִּים
אֶת הַשְּׁתִילִים –
בְּחוֹמָתָהּ הַחֲרֵבָה

אֶת אֲנָחַת אֲבָנֶיהָ הַמִּסְתַּתְּתוֹת
יְדֵי יִשָּׂשכָר שֶׁלִּי הַכְּבֵדוֹת
מִתְכַּוְּצוֹת בַּהֲלְלוּיָהּ הַסּוֹפִית
מִתְעַוְּתוֹת

Deine Mosesarme heben

Deine Mosesarme heben
im Rostgewebe der Reben
schweigen unter dem Himmel
oder verweilen eine Weile
der Besinnung
die Schlacht jedoch geht weiter im Tal
bis zum endlichen Sieg, du glaubst
noch immer an Ihn, den Unglaublichen,
doch bist du zu müd von den stundenlang
hoch erhobenen Armen.

Wie hat er dich geführt von Weg zu Weg
bis an die Brüste
der gerundeten Berge, die blau vor deinen
leichtgeliderten Augen in der Ferne
der Schimären entschwinden, dein unbenanntes Grab.

Und die sich schließenden Tore des Windes
an der Grenze seiner
langküstigen Erde
und deiner Tat

אתה מרים זרועות משה

אַתָּה מֵרִים זְרוֹעוֹת מֹשֶׁה
בַּאֲרִיג הַגְּפָנִים הֶחָלוּד
שׁוֹתֵק מִתַּחַת לָרָקִיעַ
אוֹ שׁוֹהֶה רֶגַע קָט
שֶׁל הִתְעַמְּקוּת
אוּלָם הַקְּרָב נִמְשָׁךְ בַּוָּאדִי
עַד לַנִּצָּחוֹן הַסּוֹפִי
וְאַתָּה עֲדַיִן מַאֲמִין בּוֹ
הַזְּרוֹעוֹת הַמּוּרָמוֹת

כֵּיצַד הוּא הוֹבִיל אוֹתְךָ מִדֶּרֶךְ לְדֶרֶךְ
עַד שְׂדֵי הֶהָרִים
הַמְעֻגָּלִים הַנֶּעֱלָמִים הַכְּחוּלִים
בְּמֶרְחַק הַהֲזָיָה
לִפְנֵי עֵינֶיךָ קַלּוֹת הָרִיסִים
קִבְרְךָ הַלֹּא־נוֹדָע

וְשַׁעֲרֵי הָרוּחַ הַנִּסְגָּרִים
עַל גְּבוּל אַדְמַת אַרְצוֹ
הַמָּאֳרֶכֶת חוֹפִים

Josef

a)
In Dothan – Wölfe,
eine leere Grube, kein Wasser drin
doch Sonne und Mond in dem Loch
und der Sterne elf
der Himmel – ein bunter Rock.

Auf dem Felde neigen sich die Garben,
menschliche Ernte – reif für die Reben.
In dem Dunkel der Grube Sterne
und des Träumers Leib.

b)
Erster Waise seiner Brüder:
Trauer krönte in seinem Herzen den Stolz,
des Himmels Segen lag auf seinen Wegen
und der Vater liebte ihn,
auch schaffte er ihm einen bunten Rock.
Doch Gott stahl ihn aus seinen Träumen
und segnete seine Hände mit Tatendrang,
dass er ein Meister der Wunder werde
und auch der Wunder bewusst.

c)
Und traurig in seiner Grube liegt Josef.
Der Mond verspottet ihn: man versprach
dir Brot und

יוסף

א)

בְּדָתָן – וְאֵבִים
וּבּוֹר רֵיק, אֵין בּוֹ מַיִם;
אַךְ שֶׁמֶשׁ בַּבּוֹר וְיָרֵחַ
וְאַחַד־עָשָׂר כּוֹכָבִים,
וּכְתֹנֶת־פַּסִּים – הַשָּׁמָיִם.

שַׁחוֹת בַּשָּׂדֶה אֲלֻמּוֹת,
בָּשֵׁל קְצִיר־אֱנוֹשׁ לָעוֹרְבִים.
אַךְ בַּאֲפֵלַת־הַבּוֹר כּוֹכָבִים
וּבַעַל־חֲלוֹמוֹת.

ב)

בְּכוֹר־יָתוֹם לְאֶחָיו:
עִצְּבוֹנוֹ הִמְלִיךְ גַּאֲוָה בִּלְבָבוֹ,
אַף הִבְרִיךְ שָׁמַיִם עַל דְּרָכָיו.
וְאָבִיו אֲהֵבוֹ
וְגַם עָשָׂה לוֹ כְּתֹנֶת־פַּסִּים.
אַךְ אֱלֹהִים מֵחֲלוֹמוֹתָיו גְּנָבוֹ
לְמַלֹּאת אֶת יָדָיו מַעֲשִׂים:
שֶׁיִּהְיֶה מְלֻמָּד בַּנִּסִּים
וְאַף יִסְמוֹךְ עַל הַנֵּס.

ג)

יוֹסֵף עָצוּב מְאֹד בַּבּוֹר.
הַיָּרֵחַ פִּתָּהוּ: הִבְטִיחוֹ
לִבְכּוֹת הַבּוֹרָה

Wasser für den Durst,
den Lechzenden
um zu heilen
an dem Traum,
und einen neuen bunten Rock
vom Vater im Himmel.
Josef ist der Erste seines Volkes
dem Gott sich nicht offenbarte.
Er war ein Jüngling –
wie Gott in seinem Traum.
Und die Engel stiegen
vor seinen Blicken auf und ab.
Doch in seinem Herzen war er schon angegraut.
Die Sonne löste ihre goldenen Zöpfe.
Sie träumte über Josef.
Und der Nektar ihrer Lippen triefte in die Grube
zu dem Sitzenden unter Skorpionen.
Auf der Laute
spielte er
den elf Sternen vor
und die Kamele Midians
antworteten ihm
mit ihrem Glockenspiel.

לְהַשְׁקוֹתוֹ,
אֶת הַשּׁוֹקֵק,
לְהַחֲלִימוֹ,
אֶל הַחוֹלֵם
וּלְהָבִיא לוֹ כְּתֹנֶת־פַּסִּים חֲדָשָׁה
מֵאָבִיו שֶׁבַּשָּׁמַיִם.
יוֹסֵף הוּא רִאשׁוֹן בְּעַמּוֹ
שֶׁלֹּא נִגְלָה אֵלָיו הָאֱלֹהִים.
הוּא הָיָה נַעַר –
כֵּאלֹהִים בַּחֲלוֹמוֹתָיו.
וְהַמַּלְאָכִים
עָלוּ בְּעֵינָיו וְיָרְדוּ.
אַךְ בְּלִבּוֹ כְּבָר זָרְקָה שֵׂיבָה.
הַשֶּׁמֶשׁ הֵתִירָה אֶת צַמּוֹתֶיהָ־זָהָב.
הִיא חָלְמָה עַל יוֹסֵף
וְצוּף־שְׂפָתֶיהָ נִגָּר הַבּוֹרָה.
אֶל עַקְרַבִּים יוֹשֵׁב,
עַל שִׁגְיוֹנוֹת
הוּא מְנַגֵּן
לְאַחַד־עָשָׂר כּוֹכָבִים,
וּגְמַלֵּי מִדְיָן (חֲלוֹמוֹת מְכַשְּׁפִים)
עוֹנִים לְעֻמָּתוֹ
בְּפַעֲמוֹנֵיהֶם.

Eine Stehminute lang

1
Wir kamen von
der Berührung her
vom Blut,
eine Stehminute lang
vor dem Tor.
Im Vordergrund die Mutter
mit ihrem schmalen Nachtgesicht.
Jemand wacht –
ein Mandelbaum
ein Verzicht.

2
Viel Februarmitte
zu dieser Stunde,
eine Wunde, die sich langsam schließen wird,
doch nie ganz.
Ein Abschied
den wir suchen,
der alte Prediger in uns,
König von Jerusalem
mit geschlossenen Augen,
unser Glaube an die Welt
gegen ihn.
Wir tragen den traubenschweren Herbst
in den Frühling.

רגע של עמידה

1

בָּאנוּ
מֵהַמַּגָּע
אֶל הַדָּם,
רֶגַע שֶׁל עֲמִידָה
לִפְנֵי הַשַּׁעַר.

לְפָנֵינוּ – הָאֵם
בִּפְנֵי־הַלַּיִל שֶׁלָּהּ הַדַּקִּים.
מִישֶׁהוּ שׁוֹמֵר –
שְׁקֵדִיָּה אַחַת
וְתוּר וּמְחִילָה.

2

אֶמְצַע שְׁבַט רָב
בְּשָׁעָה זוֹ,
הַפֶּצַע שֶׁנִּגְלָד אַט אַט
אַךְ לֹא לְגַמְרֵי.
פְּרֵדָה שֶׁאָנוּ
מְחַפְּשִׂים
קֹהֶלֶת בְּתוֹכֵנוּ –
מֶלֶךְ יִשְׂרָאֵל הַשָּׁב,
בְּעֵינַיִם עֲצוּמוֹת
אֵמוּן תְּנוּ בָּעוֹלָם
כְּנֶגְדּוֹ.
אָנוּ נוֹשְׂאִים סְתָו־כְּבַד־עֲנָבִים,
אָבִיב הָיָה בָּנוּ
כְּשֶׁהָיִינוּ אֲבִיבִים.

3

Die weiße Nachtkönigin
ist erblüht,
sie trägt in sich
das schnelle Verblassen
von einst,
als wir ihre
hartbemessenen Stunden
sahen in uns.
Der Mutter verblassende Züge gleiten
über die Wasserspiegel
wie Nebel.
Noch hat das Leben seine Zeit
noch leben wir aus den Wurzeln
wie die Bäume zu Gethsemane.
Ein bitterer Mandelbaum weißerblüht
ein Sonnenfleck Wald.

3

מַלְכַּת הַלַּיְלָה הַלְּבָנָה
פּוֹרַחַת כְּבָר
הִיא נוֹשֵׂאת בְּחִבָּהּ
אֶת הִתְחַוְּרוּתָהּ
מִלְּפָנִים,
כְּשֶׁרָאִינוּ
בְּתוֹכֵנוּ
אֶת שְׁעוֹתֶיהָ הַמְּדַדּוֹת בְּחֻמְרָה.
קַוֵּי־פָּנֶיהָ הַמַּחֲוִירִים שֶׁל הָאֵם
רוֹחֲפִים עַל פְּנֵי־הַמַּיִם
כְּמוֹ עֲרָפֶל.
עֲדַיִן יֵשׁ מוֹעֵד לַחַיִּים
עֲדַיִן אָנוּ חַיִּים מִתּוֹךְ הַשָּׁרָשִׁים
כְּמוֹ עֵצִים בְּגַת שְׁמָנִים
שְׁקֵדִיָּה מָרָה בְּלִבְנָה הַפּוֹרֵחַ
כְּמוֹ כֶּתֶם־שֶׁמֶשׁ שֶׁל הַיַּעַר.

Vom Fenster winkt herein das Laub
die Uhr ist taub und tickt
und einer geht als wär er nicht
und auf der Schwelle
wimpert sich ein Gedicht
durch das Sonnenrot.
Die Mutter steht noch immer dort
wo eine Kerze brennt.
Und überall ist Ruh
wie wenn der Tote sich ins Leben
wiedersehnt und nicht mehr weiß
wohin er gehen soll.
Aus seiner Ruh ergeht er sich
im dunklen Haus
um werdend wieder zu erstehen
in dem Gedicht, das man dem Todgeweihten
zur letzten Stunde las,
Gedicht doch kein Gebet,
Zuflucht ins Vergangene
für einen Augenblick.

מִן הַחַלּוֹן מְנַפְנֶפֶת הָעַלְוָה
הַשָּׁעוֹן אִלֵּם וּמְתַקְתֵּק
וְאֶחָד הוֹלֵךְ כְּאִלּוּ לֹא הָיָה
וְעַל הַסַּף אַתָּה רוֹאֶה
כְּמוֹ שִׁיר מְהַדְהֵד בְּרִיסִים
אֶל תּוֹךְ אֹדֶם הַחַמָּה
הָאִם הָאֵם עוֹדָה עוֹמֶדֶת שָׁם?
הַנֵּר דּוֹעֵךְ בְּתוֹךְ עַצְמוֹ
נָכוֹן הַלַּיִל הַמִּתְרוֹמֵם
מִתּוֹךְ הָעֹמֶק שֶׁל הָהָר
וּמִסָּבִיב דְּמָמָה
כְּאִלּוּ מֵת נִכְסָף לָשׁוּב אֶל הַחַיִּים
יֵדַע כֵּיצַד וְעַד הֵיכָן
עָלָיו לִפְנוֹת מִתּוֹךְ אוֹתָהּ דְּמָמָה
הוּא מִתְהַלֵּךְ בְּתוֹךְ חֶשְׁכַת בֵּיתוֹ
טוֹעֶה בְּאוֹתָהּ הָאֲפֵלָה
שֶׁמֵּאָדָם לְאָדָם כְּנוֹשֵׂאת
מִבַּעַד לַחַיִּים צְלִילִים מֵתִים
אֲשֶׁר מִתְפּוֹרְרִים בְּנְבִיטָתָם
כְּדֵי לְהִתְעוֹרֵר לָשׁוּב
בְּתוֹךְ הַשִּׁיר, אֲשֶׁר קוֹרְאִים
לַגּוֹסְסִים בִּשְׁעָתָם הָאַחֲרוֹנָה
שִׁיר וְלֹא תְּפִלָּה
אֶלָּא מִפְלָט לְרֶגַע קָט אֶל הֶעָבָר

Und nicht über das Herz und nicht über das Blut

Und die Bäume singen den Wind,
wir gehen zum Meer,
singen den Lauf der Zeiten
von Herbst und erstem Regenfall.
Wir gehen die Uferlinie entlang,
dem Äquator der Nicht-Welt entgegen,
über Zähne der Zeit, und der Sand
weist uns den Weg,
zählt die Jahre, die gestern waren,
und das Rascheln der Aktenmappe,
die sich schließt in wachsender Geschwindigkeit.
Etwas weint in uns jedoch über
die ohne-uns-verbleibende-Landschaft,
über die farbenfeiernde Welt des Blätterfalls
und nicht über das Herz und nicht über das Blut.

ולא על הלב ולא על הדם

הָעֵצִים שָׁרִים אֶת הָרוּחַ,
אָנוּ הוֹלְכִים אֶל כִּוּוּן הַיָּם,
אָנוּ שָׁרִים אֶת לוּחַ הַזְּמַנִּים
שֶׁל סְתָו וְטֶרֶם יוֹרֶה.

אָנוּ הוֹלְכִים עַל קַו־הַחוֹפִים,
עַל קַו־מָשְׁוֶה שֶׁל אֵין־עוֹלָם,
עַל שִׁנֵּי־הַזְּמַן, וְהַחוֹל
מוֹנֶה בָּנוּ שָׁנִים שֶׁל אֶתְמוֹל
הַסּוֹגְרוֹת עָלֵינוּ בִּמְהִירוּת
וְאֶת הַשְּׁנִיּוֹת הַזְּרִיזוּת.

אוּלָם מַשֶּׁהוּ בּוֹכֶה בָּנוּ עַל הַנּוֹף
שֶׁנִּשְׁאָר, וְעַל הָעוֹלָם הַמְּיֻתָּם,
הַחוֹגֵג בִּלְבַדֵּנוּ צְבָעִים שֶׁל שַׁלֶּכֶת,
וְלֹא עַל הַלֵּב וְלֹא עַל הַדָּם.

Ein fremder Husten dringt in meine Lungen
mit dünnen Fäden von Agonie
und ich bin so verliebt in Blumen,
in den grauen Himmel
in Telefonüberraschungen, die vom Himmel kommen,
Silberklänge einer fernen, nächtlichen Melodie.
Ich erinnere mich an sie –
jene Jahreszeit ohne Freunde
in Stunden langer Erwartung
unter der harten Schale eines dummen Willens,
Überwindung.
Nur nicht enthüllen wie weich und verwundbar
du bist und wie verliebt,
grausam sein, wenn die Traurigkeit
dich aller Häute entblößt.
In ruhigen Tagen der Orangenhaine
und in Nächten, die von Wänden
verblichene Bilder der Erwartung reißen.
Warten, warten, warten,
wie manchmal ein Reiter zu dunkler Nacht.

שעול זר

שְׁעוּל זָר חוֹדֵר לְרֵאוֹתָיו
בְּחוּטֵי גְסִיסָה דַּקִּים,
הוּא מְאֹהָב בִּפְרָחִים,
הוּא מְאֹהָב בְּשָׁמַיִם אֲפֹרִים,
בְּהַפְתָּעוֹת טֶלֶפוֹן מְשֻׁדָּרוֹת
הַיְשֵׁר מִן הָרָקִיעַ הַשְּׁבִיעִי,
בִּצְלִילֵי־כֶּסֶף שֶׁל אַהֲבָה רְחוֹקָה.

הוּא לוֹמֵד בְּשָׁעוֹת שֶׁל צִפִּיָּה אֲרֻכָּה
לִהְיוֹת אַכְזָר עִם עַצְמוֹ
מִתַּחַת לִקְלִפָּה שֶׁל רָצוֹן אֱוִילִי
לִהְיוֹת אַכְזָר עִם אֲחֵרִים.

הָעַצְבוּת מַפְשִׁיטָה אֶת עוֹרוֹתָיו הָרַכִּים
מוֹלִיכָה שׁוֹלָל עַל פָּנָיו
חִיּוּךְ מַתַּכְתִּי שֶׁל מְשׁוֹרֵר נֻקְשֶׁה
שֶׁאֵינוֹ מְנַפֵּץ דָּבָר.

Bitter war der Geschmack der Liebe

Bitter war der Geschmack der Liebe
an diesem Abend
im Angesicht der Mauer
die Welt in ihrer Mehrzahl schwieg.
Sie gingen in
dieses Schweigen ein
bedeckt von Nebel und Feuchtigkeit,
bangten vor jedem Ding das nicht gekommen war
ekelten sich vor sich selber
denn er war bitter …
Zu jener Stunde blühte es in den Orangenhainen,
Orgien der Farben
von Gottes Werk tummelten sich auf den Wiesen.
Bitter war der Geschmack der Liebe
sie kosteten ihn bis zur Neige
wie Mandeln
mit allen Fasern ihrer Seele
und konnten nicht weitergehen um zu vererben
denn schwer war das Bild
und riesige Marmortafeln
schlossen über ihrem Haupt
ein Schauspiel, so wunderbar,
das nicht ihres gewesen.

מר היה טעמה של האהבה

מַר הָיָה טַעֲמָהּ שֶׁל הָאַהֲבָה
מֵעֶרֶב זֶה
מוּל גָּדֵר,
הָעוֹלָם בְּרֻבּוֹ שָׁתַק,
הֵם הָלְכוּ אֶל
תּוֹךְ הַשְּׁתִיקָה הַזֹּאת
עֲטוּפֵי לַחוּת וַעֲרָפֶל,
חָרְדוּ מִכָּל דָּבָר שֶׁלֹּא יָבוֹא
סוֹלְדִים מֵעַצְמָם
כִּי מַר הָיָה ...
אוֹתָהּ שָׁעָה עָמְדָה פְּרִיחָה בַּפַּרְדֵּסִים
וְאוֹרְגִּיּוֹת שֶׁל צְבָעִים
עֲבוֹדַת אֱלֹהִים בַּשָּׂדֶה.
מַר הָיָה טַעְמָהּ שֶׁל אַהֲבָה זוֹ,
הֵם טָעֲמוּ אוֹתָהּ עַד תֹּם
כְּמוֹ שְׁקֵדִיָּה
בְּכָל סִיבֵי הַנֶּפֶשׁ
וְלֹא יָכְלוּ לָצֵאת מֵהַמָּקוֹם וְלָרֶשֶׁת,
כִּי חֲרָקִים סְבִיבָם
כִּי הַמַּרְאָה כָּבֵד מִנְּשֹׂא
וְלוּחוֹת שֶׁל שַׁיִשׁ עֲנָקִיִּים
סוֹגְרִים אוֹתוֹ שַׁעַר מֵעַל רֹאשָׁם
מַחֲזֶה נִפְלָא שֶׁלֹּא הָיָה שֶׁלָּהֶם

Wir aber suchen

Wir sind fremd und entfremden uns immer mehr
im WORT das sich spannt aus der Tat
um einzugehen in uns,
wo der Morgen steht, und der Herbst
die Farben der Astern zerweht,
wo wir noch immer ein Wollen versuchen
und nicht mehr können
und der Mund sich ohne Unterlage bewegt
in vielen Zu-und-Versagungen,
der schiefe und zitternde,
wir aber suchen die Wahrheit in den Augen
und in dem was uns entgeht.

וַהֲכִי רְחוֹקִים פִּתְאֹם מֵעַצְמֵנוּ
הַרְחֵק מִמָּה שֶׁהָיִינוּ חֲפֵצִים
מִתְגַּבֵּר הַיּוֹם עַל הֲלִיכָתֵנוּ
אַף הַלַּיְלָה מְהַסֵּס עֲדַיִן לָבוֹא
עַל הַסַּף מִתְעַלֶּה קִיר
עַד לְשׁוּלֵי הַתְּשׁוּקָה וְעוֹצֵר מֵעַל לִגְבוּל הַגַּעְגּוּעִים
שֶׁבּוֹ מִשְׂתָּרֵעַ רָקִיעַ לָבָן
שֶׁל הַבְּדִידוּת
וְהַהִרְהוּרִים מִתְרוֹצְצִים כְּמוֹ חַיּוֹת בַּר
אֶל כָּל הַכִּיווּנִים מְחַפְּשִׂים אֶת עַצְמָם
אִישׁ שׁוֹקֵעַ בְּתוֹךְ עַצְמוֹ כְּמוֹ בְּאִיקוֹנִין
שֶׁל כְּנֵסִיָּיה חֲשׁוּכָה בַּחֲצוֹת.
וְהַבֹּקֶר כְּבָר מִתְנוֹעֵעַ נִכְסָף לַחַמָּה
מֵעַל כִּיפּוֹת מִגְדָּלִים כְּסוּפוֹת
מֵעַל הֲבָכוֹת שֶׁאָנוּ חוֹזִים הַמְּחֻרָזִים
בְּלִי הַסְוָאָה שֶׁלָּנוּ אוֹ לָאו
מִתּוֹךְ בְּאֵר עֲמֻקָּה שֶׁל הַתְּנוּעָה
מֵאִיתָּנוּ לִקְרַאת הַזּוּלַת
הַמִּשְׁתַּנֶּה בְּקִרְבֵּנוּ וְהוֹפֵךְ לְאוֹר
וּדְמָמָה מִתְנַפֶּלֶת עָלֵינוּ פִּתְאֹם
כְּמוֹ סוּפַת רְעָמִים
וְעֵץ אֶחָד מִתְמוֹטֵט מִמַּכַּת הַבָּרָק

Zufällige Begegnung an der Schwelle des Selbstmords

Unter den hohen Bäumen des Gartens,
Wortsplitter, Silben, Buchstaben
und nachher die Stille
und nachher
zerreißt Gott die Zeit
unter der Wolke
und nachher
das Weinen einer gebärenden Katze
eine Frau bringt zur Welt ein behindertes Kind
ein Liebespaar flüstert verrückte Liebesworte
hundertjährige Einsamkeit in einer Sekunde
ohne Erklärung außerhalb der Zeit

פגישה מקרית על סף התאבדות

מִתַּחַת לָעֵצִים הַגְּבוֹהִים שֶׁל הַגַּן
שִׁבְרֵי מִלִּים, הֲבָרוֹת, אוֹתִיּוֹת
לְאַחַר מִכֵּן דְּמָמָה
וּלְאַחַר מִכֵּן
אֱלֹהִים קוֹרֵעַ אֶת הַזְּמַן
מִתַּחַת לְעָנָן
וּלְאַחַר מִכֵּן
יְלָלָה שֶׁל חֲתוּלָה מַמְלִיטָה
אִשָּׁה יוֹלֶדֶת תִּינוֹק מְפַגֵּר
זוּג מְלַחֵשׁ מִלּוֹת אַהֲבָה מְטֹרָפוֹת
בְּדִידוּת שֶׁל מֵאָה שָׁנִים בְּמַקוֹנְדוֹ
לְלֹא פֵּשֶׁר מֵעֵבֶר לַזְּמַן

Dein, sich über alle Maße
ausbreitender Körper
lernt den Weg
zu seinem Tod,
glaubt in seiner Hässlichkeit an die Ewigkeit
und fällt auseinander
bevor noch der Vogel ausgesandt ward,
bevor seine Stunde schlug –
dass er komme in jenes stumme
Land, bevor
seine Seele wiederkehren wird

גופי המתרחב

מֵעֵבֶר לְכָל אֻמְדָּן
לוֹמֵד אֶת דַּרְכּוֹ
אֶל הַמָּוֶת
מַאֲמִין בְּכִעוּרוֹ לְנִצְחִיּוֹת
וּמִתְפּוֹרֵר
טֶרֶם שֶׁגָּרָה הַצִּפּוֹר
טֶרֶם הִגִּיעָה שְׁעָתוֹ
אֶל אוֹתָהּ אֶרֶץ
אִלְמֶת טֶרֶם
תָּשׁוּב נַפְשׁוֹ

An einem eingeschneiten Tag in Jerusalem

Eingeschneit für weitere tausend Jahre
leben sie belagerungswillig
im Leuchtturm einer ewigen Liebe
ohne sich selbst zu kennen
ohne glücklich zu sein
doch immer liebessüchtig, liebesdürftig

Ihre Geschichte ist wie die griechischer Götter
die der Menschen Töchter begehren
wie Märchen ohne Ende
dessen Anfang in den nebligen Netzen
einer Sehnsucht der Seele bleibt

יום מושלג בירושלים

מֻשְׁלָגִים לְעוֹד אֶלֶף הַשָּׁנִים הַבָּאוֹת
הֵם חַיִּים אֹהֲבֵי־מָצוֹר
בְּמִגְדַּלּוֹר אַהֲבָתָם הַנִּצְחִית
בְּלִי לְהַכִּיר אֶת עַצְמָם
בְּלִי לִהְיוֹת מְאֻשָּׁרִים אַךְ
נִזְקָקִים תָּמִיד לְאַהֲבָה

סְפוּרִים כְּסִפּוּר אֵלִי יָוָן
הָעוֹגְבִים בִּבְנוֹת בְּנֵי אָדָם –
אַגָּדָה שֶׁאֵין לָהּ קֵץ
וּתְחִלָּתָהּ בַּמִּכְמֹרֶת הָעַרְפִלִּית
שֶׁל גַּעְגּוּעֵי הַנְּשָׁמָה.

Der Mann, der bei Nacht geweint
ist schon in seine Welt eingegangen
der Mann, der seinem Gesicht gegenüber
in den umgekehrten Spiegel gelacht
über jenen auswegslosen Weg
ist ihn nicht bis ans Ende gegangen
und wartete auf wen oder was?!
Und die Blüten, die auf seinem Wege
erblüht, sind schon verwelkt,
und die Blumen, die blühen,
aus seinem Körper jetzt.

האיש שבכה בלילה

הָאִישׁ שֶׁבָּכָה בַּלַּיְלָה
כְּבָר עָבַר לְעוֹלָמוֹ,
הָאִישׁ שֶׁצָּחַק מוּל פַּרְצוּפוֹ הוּא
בָּרְאִי הַמְּהֻפָּךְ
עַל אוֹתָהּ דֶּרֶךְ
לְלֹא מוֹצָא, הָאִישׁ
שֶׁלֹּא הָלַךְ עַד סוֹפָהּ
וְהִמְתִּין לְמָה וּלְמִי?!
וְהַפְּרָחִים שֶׁפָּרְחוּ בְּדַרְכּוֹ כְּבָר נָבְלוּ
וְהַפְּרָחִים שֶׁפּוֹרְחִים מִגּוּפוֹ זֶה עַתָּה ...

Das Schicksal flicht dir Zöpfe
und weit ist die Zeit ohne Schicksal in dir.
Es reißt von deinen Augen
Nebelfäden,
breitet Arme einer Tarantel aus,
erwürgt einen, in sternlose Zeit
zerstreuten Himmel.
Das Schicksal flicht dir
Zöpfe aus Gold und Spinngewebe.
Die Spinne in der Wand
zückt ihre wölfischen Blicke.

הגורל

הַגּוֹרָל קוֹלֵעַ לָךְ צַמּוֹת
וְרֹב הַזְּמַן לְלֹא גּוֹרָל בְּקִרְבּוֹ,
הוּא קוֹרֵעַ מֵעַל עֵינַיִךְ
חוּטִים שֶׁל עֲרָפֶל,
פּוֹרֵשׂ זְרוֹעוֹת שֶׁל עַכָּבִישׁ־זְאֵב,
חוֹנֵק רָקִיעַ מְפֻזָּר
אֶל זְמַן אֵין־כּוֹכָב.
הַגּוֹרָל קוֹלֵעַ לָךְ
צַמּוֹת שֶׁל זָהָב וְקוּרִים.
הָעַכָּבִישׁ מִתּוֹךְ הַקִּיר שׁוֹלֵף עֵינַיִם שֶׁל זְאֵב.

Zu spät

Was ich unterlassen steht gegen mich
was ich getan drückt mir im Erwachen
nach grauer Nacht die Kehle zu
zur Not ist noch eines Traumes Rückhalt da
Ich falle zurück in den Schlaf
und wenn ich wieder erwache dann –
wer weiß? Vielleicht kommst du noch ein Mal
baumverloren-braun und sagst
das langerwartete Wort wie eine Tat
und sagst ich bin da
sagst zu spät, sagst was ich unterlasse –
sagst nichtzuwidersprechbare Prosa
wo ich, versunken in der Agonie der Poesie,
mich tragen lasse ohne ein Wohin

מאוחר מדי

מַה שֶׁהֶחְמַצְתִּי עוֹמֵד כְּנֶגְדִּי
מַה שֶּׁעָשִׂיתִי מַחֲנִיק לִי
(לְאַחַר לַיְלָה אָפֹר) אֶת גְּרוֹנִי,
לְעֵת צָרָה נוֹתָר עֲדַיִן מִפְלָט לַחֲלוֹם.

אֲנִי נוֹפֵל וְשָׁב אֶל תּוֹךְ הַשֵּׁינָה
וְאִם אֶתְעוֹרֵר שׁוּב, אָז –
מִי יוֹדֵעַ? שֶׁמָּא תָּבוֹאִי עוֹד הַפַּעַם
חוּמָה־וַאֲבוּדָה־בֵּין־עֵצִים וְתֹאמְרִי
אֶת הַמִּלָּה שֶׁצִּפִּיתִי לָהּ כֹּל כָּךְ כְּמוֹ מַעֲשֶׂה
וְתֹאמְרִי הִנֵּנִי

תֹּאמְרִי מְאֻחָר מִדַּי, תֹּאמְרִי מַה שֶּׁהֶחְמַצְתִּי,
תֹּאמְרִי דִּבְרֵי־פְּרוֹזָה שֶׁלֹּא נִתָּן לְסוֹתְרָם,
שֶׁבָּהֶם, שָׁקוּעַ בִּגְסִיסַת הַשִּׁירָה, אֲנִי
נִסְחָב לְלֹא־אוֹנִים וּבְלִי לָדַעַת הֵיכָן

Ich war sein glücklicher Sklave für einen Augenblick

Wir haben keine freie Zeit für die Zeit
denn wir wollen immer alles
und auch mehr als das
auch Gott
lieferte keine Lösungen

Und wir wollten die Liebe
die unsere Grenzen niederriss
und wir standen vor dem Baum im Sonnenuntergang
und unser Herz zerriss fast
vor der Schönheit dieser Stunde

Und wir kannten nur diese Zeit
die zerbarst Zukunft und Vergangenheit
und die auch nach uns herrschen wird
dasselbe Nichts mit demselben Ding
das keinen Namen hat

Und wir sagten Ruhe und nicht Sturm
und es war kein Gott und auch kein du
sondern das Gedicht und ich war
sein glücklicher Sklave für einen Augenblick

והייתי עבדו המאֻשר לרגע אחד

אֵין לָנוּ פְּנַאי לִפְנַאי
כִּי תָּמִיד רָצִינוּ הַכֹּל
וְאַף מֵעֵבֶר לָזֶה
וְגַם אֱלֹהִים לֹא סִפֵּק פִּתְרוֹנוֹת

וְרָצִינוּ אֶת הָאַהֲבָה
שֶׁהָרְסָה גְּבוּלוֹת עַצְמֵנוּ
וְעָמַדְנוּ מוּל הָעֵץ בַּשְּׁקִיעָה
כְּשֶׁלִּבֵּנוּ עוֹמֵד לְהִקָּרַע
מֵרֹב יְפִי הַשָּׁעָה

וְיָדַעְנוּ רַק אֶת הַזְּמַן הַזֶּה
אֲשֶׁר נִפֵּץ עָבָר וְעָתִיד
וְהוּא יִמְלֹךְ בָּנוּ כְּשֶׁלֹּא נִהְיֶה עוֹד
אוֹתָהּ אַפְסוּת שֶׁל אוֹתוֹ דָּבָר
עַצְמוֹ שֶׁאֵין לוֹ שֵׁם

וְאָמַרְנוּ שַׁלְוָה וְלֹא סַעַר
וְלֹא הָיָה אֱלֹהִים וְלֹא אַתְּ
כִּי אִם שִׁיר, וְהָיִיתִי עַבְדּוֹ
הַמְּאֻשָּׁר לְרֶגַע אֶחָד

21 מאי 2000

Ich sitze auf der Schwelle zerstörter Häuser
wie Methusalem, träume,
denke an andere Dinge,
sitze, starre vor mich hin, verstumme,
vor mir zieht die Welt dahin,
ich sitze und warte
auf jemanden der mir die Hand reichen soll,
die Gebende,
bis ich vergesse was zum Vergessen bestimmt ist
und mich erinnere,
als ich noch außerhalb
der Gestern war,
erlebe diesen Tag,
denn er ist das einzig Sichere gebliebene,
denn er ist das Gedicht.

Von mir selber getrennt,
von den Wandervögeln, die diese Stadt befliegen
an diesem Tag,
der über mein Gesicht herbstet.
Ich warte und sehe
den Weg zu mir selbst,
die einzige Alternative im Alter von 80
bis 120.
Und die Stare kommen in die vergessene Stadt
zu den Dächern, den Baumkronen, den elektrischen Drähten.
Die Hochspannung in mir
sagt Psalmen der Vergessenheit an diesem Tag

אֲנִי יוֹשֵׁב עַל סַף בָּתִּים שֶׁנֶּהֶרְסוּ
כְּמוֹ מְתוּשֶׁלַח, חוֹלֵם,
חוֹשֵׁב עַל דְּבָרִים אֲחֵרִים
יוֹשֵׁב, בּוֹהֶה וְנֶאֱלָם
לִפְנֵי עוֹבֵר הָעוֹלָם
אֲנִי יוֹשֵׁב וּמַמְתִּין
שֶׁמִּישֶׁהוּ יָשִׁיט לִי אֶת יָדוֹ
לִנְתִינָה
עַד שֶׁאֶשְׁכַּח מָה שֶׁנּוֹעַד לַשִּׁכְחָה, וְגַם אֶזְכֹּר
אֶת עַצְמִי מִחוּץ לָאֶתְמוֹלִים,
חוֹלֵם אֶת הַיּוֹם הַזֶּה –
כִּי הוּא בָּטוּחַ בִּלְעָדַי
כִּי הוּא הַשִּׁיר.

לִהְיוֹת מְנֻתָּק מֵעַצְמִי
מוּל צִפּוֹרֵי־נְדוֹד שֶׁהִגִּיעוּ אֶל הָעִיר
בַּיּוֹם הַזֶּה מַסְתִּיו אֶת פָּנַי בִּתְוּגָתוֹ
אֲנִי צוֹפֶה וְרוֹאֶה
אֶת הַנָּתִיב אֶל עַצְמִי,
וְהַיּוֹם הַזֶּה הוּא הַדָּבָר הַיְּחִידִי
בְּמוֹצָא יְחִידִי
עַד 120.
וְהַזַּרְזִירִים בָּאִים אֶל הָעִיר שֶׁשָּׁכְחוּ,
אֶל הַגַּגּוֹת, צַמְּרוֹת וְחוּטֵי חַשְׁמַל
לַחַץ גָּבוֹהַּ שֶׁבִּי
אוֹמֵר תְּהִלּוֹת שֶׁל שִׁכְחָה בַּיּוֹם הַזֶּה

Einblick in die Werkstatt des Dichters.
Verstreute Gedichte, Skizzen
und Fragmente

Vor einem Bild (Fremdheit)
Sieh dieses Bild –
das Gesicht einer Frau
nichts kann
sie vereinen, jeder bleibt
für sich eine schwebende
Frage.
Kein Gott kümmert
Kein Steg

Vor einem Bild — Entfremdung

Sieh dieses Bild –
das Gesicht einer Frau
die seltsamen Augen
um ihren Mund
ein Lächeln das sich
zur Fratze verzerrt

Ihre Hand ruht
auf einem schiefen Geländer
von ihrem Haupt steigt
eine gewellte Vase auf,
sieh das einsame Auge

Auf der linken Seite
ein Mann auf einem Bein
mit einer Hand
die zweite verschwindet in Nebel,

hinter der Fassade
noch eine Wand

Nichts verbindet die beiden
jeder steht für sich, geht –
die schwebende Frage:
stirbt jeder für sich allein
nach den vielen Nächten?

ראה את התמונה

רְאֵה אֶת הַתְּמוּנָה
פָּנֶיהָ שֶׁל אִשָּׁה
עֵינֶיהָ
סָבִיב לְפִיהָ
עוֹמֵד לְהִתְגַּלּוֹת צְחוֹק

יָדֶיהָ נָחוֹת
עַל חוֹמָה עֲקֻמָּה.
מֵרֹאשָׁהּ עוֹלֶה
אֲגַרְטָל גַּלִּי.
רְאֵה אֶת הָעַיִן
הַבּוֹדֶדֶת לֹא שֶׁלָּהּ. בַּצַּד

לִשְׂמֹאלוֹ
גֶּבֶר עַל רֶגֶל אַחַת

הֵם עוֹמְדִים כָּאן
זָרִים זֶה לָזֶה
דָּבָר לֹא עָשׂוּי לְאַחֲדָם
כָּל אֶחָד נִשְׁאַר לְעַצְמוֹ.

שְׁאֵלָה רוֹחֶפֶת –
שׁוּם אֵל לֹא מַרְקִיעַ מֵעֲלֵיהֶם
שׁוּם שְׁבִיל מוּזְהָב
מִשְּׁקִיעַת הַשֶּׁמֶשׁ
לֹא יוּכַל לְאַחֲדָם
יַחְדָּיו

Kein Geist wacht über ihnen
kein Steg vergoldet vom Sonnenuntergang
führt sie wieder einander zu

So versteinern sie in der Bewegung
und ihren Farben
der Hintergrund ist rabenschwarz
und braunübermalt

Wer ein Haus heute baut

Wer ein Haus heute baut,
baut für beschränkte Zeit,
es könnte einstürzen über Nacht
zwischen Heute und Morgen,
seine Grenze zieht an zwei Bäumen
der Erinnerung vorbei,
die sich mit dem Mond vereinen

Wer ein Haus für den Morgen baut
könnte sein Gestern vergessen
wer ein Haus für den Morgen baut
wer ein Haus für sich selber baut
soll das Wetter einbeziehen
die Hunde und Satelliten
die Erdbeben im fernen San Francisco
die Maulwürfe der mondlosen Nächte
Ballone und Seifenblasen, die
in der Luft zerplatzen die nahen und fernen Kriege

Wer ein Haus heute baut für den Morgen
bedenke, dass am Fundament seiner Seele
ein schweigender Steinwurm nagt

Wer ein Haus heute baut,
soll bauen

Nachdichtung aus dem Hebräischen

מי שבונה בית היום

מִי שֶׁבּוֹנֶה בַּיִת הַיּוֹם
בּוֹנֶה לִזְמַן מֻגְבָּל,
בֵּין לַיְלָה הוּא יָכוֹל לִפּוֹל
בֵּין הַיּוֹם לְמָחָר
גְּבוּלוֹ עוֹבֵר בֵּין שְׁנֵי עֵצִים
שֶׁל הַזִּכָּרוֹן
אֲשֶׁר מִתְחַבְּרִים עִם הַלְּבָנָה.

מִי שֶׁבּוֹנֶה בַּיִת לְמָחָר
יָכוֹל לִשְׁכֹּחַ אֶת אֶתְמוֹלוֹ.
מִי שֶׁבּוֹנֶה בַּיִת לְמָחָר
מִי שֶׁבּוֹנֶה בַּיִת לְעַצְמוֹ
צָרִיךְ לִכְלֹל אֶת מֶזֶג־הָאֲוִיר,
אֶת הַכְּלָבִים וְאֶת הַלְּוִיָּנִים
אֶת רְעִידוֹת הָאֲדָמָה בְּסַן פְרַנְצִיסְקוֹ הָרְחוֹקָה
אֶת הַחֲפַרְפָּרוֹת וְאֶת בּוּעוֹת־הַסַּבּוֹן
אֲשֶׁר מִתְנַפְּצוֹת בָּאֲוִיר
אֶת הַמִּלְחָמוֹת הַקְּרוֹבוֹת וְהָרְחוֹקוֹת

מִי שֶׁבּוֹנֶה בַּיִת לְמָחָר
צָרִיךְ לַחֲשׁוֹב שֶׁבִּיסוֹד־נַפְשׁוֹ
חוֹפֶרֶת תּוֹלַעַת־אֶבֶן רְדוּמָה

מִי שֶׁבּוֹנֶה בַּיִת הַיּוֹם
צָרִיךְ לִבְנוֹת

5.6.91

Ora war sehr schön
Er sah sie auf dem See
zwischen den Büschen
Ihr Kirschmund mit der
untergehenden Sonne
hinter dem Berg
Er sah sie zwischen den Gärten
wie einen Schatten
im abendlichen Dämmer.
ihre hellen Augen

Ora ist nicht mehr da
Sie ging suchte das andere
Leben
mit einem anderen Mann
und niemand weiß
wo sie ~~[illegible]~~ gefunden hat
Ihr zärtliches Lächeln
zu halten schon fiel
das war das Letzte
das Blut im Arm
Ich hörte auf sie zu suchen
sogar Erwachsenes selbst der
5288028 nicht
und sie blieb irgendwo
ein weißes Erwachsen vielleicht
in dem Herzen eines bitteren Kindes
mit weißen geflochtenen Haar
und alles blieb
wie es nicht mehr war.

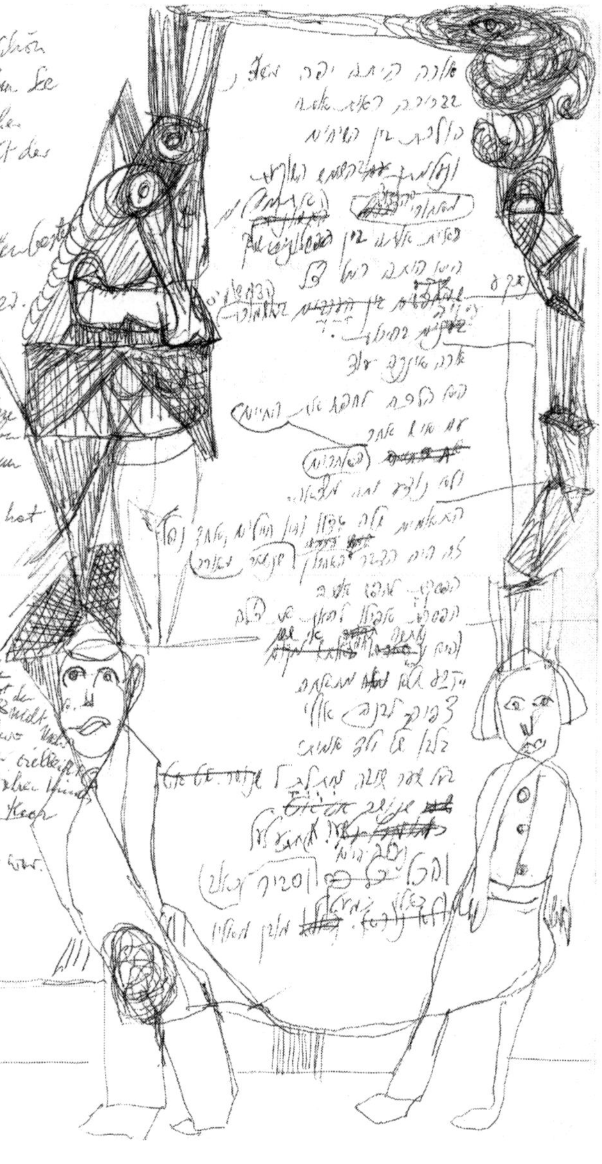

Ora war sehr schön
ich sah sie auf dem See
zwischen den Büschen.
Sie verschwand mit der
untergehenden Sonne
hinter dem Berg.
Ich sah sie zwischen den Gestern
wie einen Schatten
im abendlichen Dämmer.
Ich sah ihre hellen Augen.

Ora ist nicht mehr da
sie suchte das andere Leben
mit einem anderen Mann
und niemand weiß
was sie gefunden hat.
Ihre Zwillinge wuchsen
zu Soldaten an –
einer fiel
das war das Letzte
was von Ora blieb.

Du hörtest auf sie zu suchen
sogar ihren Schatten sahst du nicht mehr
und sie blieb irgendwo
ein weißes Erwarten, vielleicht
in dem Herzen eines wahren Kindes
mit weißem gelockten Haar.
Und alles blieb
wie es nicht mehr war.

אוֹרָה הָיְתָה יָפָה מְאֹד
בַּבְּרֵכָה רָאִיתָ אוֹתָהּ
הוֹלֶכֶת בֵּין הַשִּׂיחִים.
וְנֶעֱלֶמֶת עִם הַשֶּׁמֶשׁ הַשּׁוֹקַעַת
מֵאֲחוֹרֵי הָהָר.
רָאִיתָ אוֹתָהּ בֵּין הָאֶתְמוֹלִים
הִיא הָיְתָה כְּמוֹ צֵל הַדִּמְדּוּמִים.
עֵינֶיהָ בְּהִירוֹת.

אוֹרָהּ אֵינֶנָּהּ עוֹד
הִיא הָלְכָה לְחַפֵּשׂ אֶת הַחַיִּים הָאֲחֵרִים
עִם אִישׁ אַחֵר
וְלֹא נוֹדַע מָה מָצְאָה.

הַתְּאוֹמִים שֶׁלָּהּ גָּדְלוּ לִהְיוֹת חַיָּלִים, אֶחָד נָפַל
זֶה הָיָה הַדָּבָר הָאַחֲרוֹן מֵאוֹרָה שֶׁנִּשְׁאַר.
הִפְסַקְתָּ לְחַפֵּשׂ אוֹתָהּ
הִפְסַקְתָּ אֲפִלּוּ לִרְאוֹת אֶת צִלָּהּ.

וְהִיא נוֹתְרָה אֵי־שָׁם
קֶרַע שֶׁלֹּא מִתְאַחֶה
צִפִּיָּה לְבָנָה, אוּלַי
בְּלִבּוֹ שֶׁל יֶלֶד אֲמִתִּי
בַּעַל שֵׂעָר שֵׂיבָה מִתַלְתָּל.
וְהַכֹּל עוֹד הָיָה מְעֻלְעָל
סָבִיר וְכָאוּב
כְּאִלּוּ כִּמְעַט מוּבָן מֵאֵלָיו

Seltsame Wiederbegegnung

Ich sage der Welt Dunkel
du hörst mich nicht
Über den Bergen geht das Licht
im Abend ein

Du kommst und setzt dich zu mir
nimmst eine Zigarette
sagst Gemeinsamkeit, Mutter, Krieg,
ich höre deine Stimme in mir

Du willst mich töten
Das Messer ist ein Teil der Liebe
und des Hasses
zwischen Zweien, die sich gegenüberstanden
in einer Mutterhöhle des Leibes
verzwillingt,
vor langen urfernen Jahren

Nachdichtung aus dem Hebräischen

Von Winkler zu Lebzeiten autorisierte Veröffentlichung

Ich sage der Welt – Dunkel
und du hörst mich nicht
über den Bergen geht das Licht
im Abend ein

Du kommst und setzt dich zu mir
nimmst eine Zigarette
(möchtest was sagen)
sagst Mutter.
Ich höre deine Stimme in mir
Gib mir deine Hand – wir und ich …
Hörst du
du willst mich töten
ich weiß es
Die Faust ist ein Teil der Liebe
und des Hasses
zwischen Zweien
die sich gegenüberstanden
sage nicht nein
wo es nicht anders sein kann
* * *
Und die Berge gehen in uns ein
und Felder versuchen ein Grün
eine Amsel schlägt an von den Himmeln
Katzen wühlen im Müll
* * *
Ich kenne eine Geschicht über weit offene Augen
im Spiegel
und eine über Hoffnungslosigkeit

bei Liebe ohne Erlösung
zwar eine Notwendigkeit ohne die nur
das bloße Gesicht
des Nichts erhalten bleibt
und sonst nicht mehr
als der Weg ins Meer

Unveröffentlichte erste Fassung, in Handschrift parallel zum hebräischen Gedicht notiert

אֲנִי אוֹמֵר לָעוֹלָם – חֹשֶׁךְ
וְאַתָּה שׁוֹמֵעַ אוֹתִי וְלֹא
מֵעֵבֶר לֶהָרִים מִתְחַלֵּף הָאוֹר
מֵהַבֹּקֶר לָעֶרֶב

אַתָּה בָּא וּמִתְיַשֵּׁב עַל יָדִי
מוֹצִיא סִיגַרְיָה
רוֹצֶה לְסַפֵּר
אוֹמֵר אִמָּא אֲנִי שׁוֹמֵעַ אֶת קוֹלֵךְ בִּי

תֵּן לִי אֶת יָדְךָ – אֲנִי וַאֲנִי
הַקְשֵׁב לִי
אַתָּה בָּא לְהָרְגֵנִי
אֲנִי יוֹדֵעַ
הָאֶגְרוֹף זֶה כְּמוֹ חֶלְקִיק שֶׁל הָאַהֲבָה
דָּבָר מְשֻׁנֶּה בֵּין שְׁנַיִם
הָעוֹמְדִים זֶה מוּל זֶה
וְהֶהָרִים מַתְחִילִים לָלֶכֶת
אֶל תּוֹכֵנוּ
וְהַשָּׂדוֹת מִתְחַבְּקִים, וְהַשַּׁחֲרוּר
פּוֹצֶה כְּבָר אֶת פִּיו לַשָּׁמַיִם. אֲנִי יוֹדֵעַ סִפּוּר

עַל עֵינַיִם שֶׁל מַרְאָה
סִפּוּר עַל חֹסֶר־תִּקְוָה
עַל אַהֲבָה שֶׁאֵין בָּהּ גּוֹאֵל וְתוֹעֶלֶת
עַל כֹּרַח בִּלְעָדָיו
אֵין אֶלָּא פָּנַי חִוְּרוֹת – שֶׁל הָאַיִן
וְתוּ לֹא

Mein Amen steht am Anfang der Vergangenheit

Ich halte deine Hand,
als wäre sie mein All,
als wärest du das große Überall
als wäre ich als wärest du …

Die Toten suchen mich
nach dem Verrat
die Toten finden mich,
unter der Pappel ruht
ein Grab im Wind.

Ein Kind das sich verloren hat,
ein Hund schnuppert sich hoch
an einer Wand

Ich zähle sie die vielen Toten,
ich halte deine Hand, verzähle mich,
die Kälte weht mir ins Gesicht,
ich bin wie Espenlaub.

Man zählt mich schon zu den Vergebenen
mit einem noch verbliebenen Gebet
mit einem noch verbliebenen Gebot
das zu erfüllen wie ein Suchen wird
nach einem Stein
im dunklen Algenmeer.

אַלְפַּיִם שָׁנִים עָבְרוּ

וּבָא הַמּוֹעֵד לִהְיוֹת מוּכָן
מֵהָעֵצִים נוֹשְׁרִים עָלִים
שֶׁל סְתָו לַשָּׁוְא
שֶׁל לֵידָת שָׁוְא
23 נוֹבֶמְבֶּר* אֲנִי מוּצְמָד אֵלָיו
20 יָנוּאָר** אֲנִי מֵעֵז לִצְחֹק
כְּמוֹ לֵיצָן, כְּמוֹ אֶחָד
שֶׁהַצְּחוֹק עָבָר לוֹ
וְרוֹצֶה לִבְכּוֹת
אֲנִי מֵעֵז לִבְכּוֹת
כְּמוֹ אֶחָד, שֶׁעֲדַיִן מְסֻגָּל לִצְחֹק

*פאול צלאן תַּאֲרִיךְ לֵדָה

**גיאורג ביכנר "לאנז"

Mein Amen steht am Anfang der Vergangenheit.

Zweitausend Jahre sind vergangen,
es ist an der Zeit
zu sein
von den Bäumen fallen die Blätter
eines vergebenen Herbstes
einer vergebenen Abendgeburt –

der 23te November* ich zwillinge mich ihm zu
der 20te Jänner** ich wage zu lachen
wie ein Hampelmann wie einer
dem das Lachen vergangen ist
der weinen möcht, ich wage zu weinen
wie einer der noch lachen kann.

** Paul Celans Geburtstag*

***nach Georg Büchners „Lenz“*

Erste vier Strophen von Winkler zu Lebzeiten ohne Titel veröffentlicht.

Mit dem Dichter

„Ich höre die Axt hat geblüht“
Celan — „Schneepart“

Wie weit, wenn nicht bis zur Schwelle
reicht dein Blick
und in sich zurück –
von Schwelle zu Schwelle,
durch das Tor
ins zeitlos erworbene Heim
vom freudlos verschütteten ich.
Dort wird keine Axt erblühen
Kein Stein,
kein Dichter mit Flügeln des Albatrosses
vom Eifelturm träumen
in den trägen Gewässern der Seine.

עם המשורר

"שָׁמַעְתִּי שֶׁהַגַּרְזֶן פּוֹרֵחַ"

צלאן – "חלק-שלג"

הֵיכָן אִם לֹא עַד לַסַּף
הוֹלֵךְ מַבָּטְךָ
וְשָׁב אֶל עַצְמוֹ
מִסַּף אֶל סַף
מִבַּעַד הַדֶּלֶת
אֶל הַבַּיִת שֶׁנִּרְכַּשׁ מֵעֵבֶר לַזְּמַן
אֶל הָאֲנִי שֶׁנֶּעֱדַר יְדִידִים
שָׁם לֹא תִּפְרְחוּ שׁוּם אֶבֶן
וְשׁוּם גַּרְזֶן.
בְּתוֹךְ כַּנְפֵי־הָאַלְבַּטְרוֹס
לֹא יַחְלֹם עוֹד מְשׁוֹרֵר אֶל מִגְדַּל אַיְפֶל שֶׁלּוֹ
בְּמֵימָיו הַזּוֹחֲלִים שֶׁל הַסֵּין.

Was noch geblieben ist

Ein abstrakter Maler malt
Starentänze im Himmel
des Sonnenuntergangs.

Ein abstrakter Maler malt
wie nach dem Geschehen
Dinge die nicht bestehen
auf des Himmels Blau.

Malt wie ein Blinder
Städte der Vergangenheit
mit verkrallten Händen
Gefühle
Vögel

Krümmel von den Broten seiner Nacht
Segmente eines Drachens
und dann eine Art Nichts –
graue Flecken auf weißem Grund
und dann was geblieben ist –
Dämmerungen

כל מה שנשאר

צַיָּר מֻפְשָׁט מְצַיֵּר
מְחוֹלוֹת זַרְזִירִים בָּרָקִיעַ
שֶׁל טֶרֶם שְׁקִיעָה

צַיָּר מֻפְשָׁט מְצַיֵּר
כִּלְאַחַר מַעֲשֵׂהוּ
דְּבָרִים שֶׁאֵינָם
בִּשְׁמֵי הַתְּכֵלֶת

מְצַיֵּר כְּמוֹ סוּמָא
עָרִים שֶׁל עָבָר
בְּיָדָיו הַקְּפוּאוֹת
תְּחוּשׁוֹת
צִפּוֹרִים

פֵּרוּרִים מִלַּחֲמֵי הַלַּיְלָה שֶׁלּוֹ
עֲקֻמּוֹת שֶׁל עֲפִיפוֹן
וְאַחַר־כָּךְ מֵעֵין לֹא כְלוּם
כִּתְמֵי־אָפֹר עַל רֶקַע לָבָן
וּלְאַחַר מִכֵּן
מָה שֶׁנִּשְׁאָר – דִּמְדּוּמִים

Nachwort

„Ohne sich selbst zu kennen" – Manfred Winkler übersetzt sich selbst

I.

Manfred Winklers Diktum „das Zweigesagte sage nicht"[1] stellt, zumindest theoretisch, ein Problem dar für die Poetik seiner Selbstübersetzung. Doch entspricht eine Übersetzung in der Praxis nie genau dem Original, ist stets Neu- oder Andersgesagtes, nicht bloße Wiederholung, kein „Zweigesagtes". Zudem war Winkler als Übersetzer seiner eigenen Texte nicht zur Werktreue verpflichtet, sondern verfügte über die dichterische Freiheit, den künstlerischen Prozess in der Zielsprache nach Belieben fortzusetzen und umzuschreiben.[2] Winkler nahm sich diese Freiheit – von und für sich selbst – wie kein Zweiter innerhalb des engen Kreises

1 Manfred Winkler, „Warum vergeht die Zeit so schnell", in Manfred Winkler, *Haschen nach Wind*, hrsg. v. Monica Tempian und Hans-Jürgen Schrader, Wuppertal-Wien: Arco Verlag 2018, S. 14.

2 Über Art und Motivation dieser Freiheit gibt es verschiedene Ansichten, die seit den 90er Jahren ausgiebig diskutiert werden, beispielsweise von: Dieter Lamping, „Die literarische Übersetzung als de-zentrale Struktur: Das Paradigma der Selbstübersetzung", in Harald Kittel (Hrsg.), *Geschichte, System, Literarische Übersetzung / Histories, Systems, Literary Translations*, Berlin 1992, S. 212–227; Jan Hokenson Walsh u. Marcella Munson, *The Bilingual Text. History and Theory of Literary Self-Translation*, London: Routledge 2007; Anthony Cordingley (Hrsg.), *Self-Translation: Brokering Originality in Hybrid Culture*, London: Bloomsbury Academic 2013; Idem, „Self-Translation", in R. Kelly Washbourne / Ben Van Wyke (Hrsg.), *The Routledge Handbook of Literary Translation*, London: Routledge 2018, S. 352-369.

zweisprachig schreibender deutsch- und hebräischsprachiger Dichter und Dichterinnen, unter denen zunächst Tuvia Rübner[3] und Elazar Benyoëtz[4] zu nennen wären. Winklers Spektrum der Selbstübersetzungen reicht von wortgetreuer Übertragung zur gänzlichen Neudichtung und umfasst mitunter Übersetzungen, deren Sinn sich vom Ausgangstext gänzlich unterscheidet – ihm teils sogar entgegensteht, wie zu zeigen sein wird.

Zwischen den Extremen getreuer Übersetzung und freier Fortschreibung finden sich in Winklers deutschsprachigen und hebräischen Gedichten zahlreiche Nuancen. Unterschieden können nicht nur nacheinander von miteinander entstandenen Textversionen, sogenannte konsekutive und simultane Selbstübersetzungen.[5] Auch inhaltlich vom Original nicht abweichende Übersetzungen enthalten subtile Unterschiede. In der vergleichenden Lektüre lesen sich diese Unterschiede zwischen den deutschsprachigen und hebräischen Versionen als reziproke Kommentare. Beispielsweise verrät erst die hebräische Version von „In den tiefen Mulden der Zeit“[6], dass das darin angesprochene „Du“ einer Frau angehört. Aufschlussreich ist auch, dass Winkler nur in den

---

3 Vgl. Rachel Seelig, „Stuttering in Verse: Tuvia Rübner and the Art of Self-Translation“, in Amir Eshel / Rachel Seelig (Hrsg.), *The German-Hebrew Dialogue: Studies of Encounter and Exchange*, Berlin / Boston: De Gruyter 2017, S. 77-103.

4 Vgl. Jan Kühne u. Anna Rosa Schlechter, „Bücherblühen. Anfänge aphoristischer Autorschaft bei Elazar Benyoëtz“, in *Judaica, Neue Digitale Folge* 2022 (im Erscheinen).

5 Hierzu auch Monica Tempians editorische Notiz, in diesem Band, S. 266. S.a. Cordingley, „Self-Translation“ (2018, wie Anm. 2), S. 360.

6 Im vorliegenden Band, S. 181.

hebräischen Versionen seiner selbstübersetzten Gedichte über Celan diesen direkt anspricht. So ist die hebräische Version von „Ein Mensch warf sich…“[7] fast doppelt so lang wie die deutsche Version und endet mit den an *Kohelet* erinnernden Worten (Übersetzung J.K.):

Wer nun weint, weint,
wer nicht vergessen kann
wird nimmer vergessen
und so wird es bleiben, ist doch alles vergebens

auch Du mein gesegneter Freund
auch Du mein vom Schicksal erhöhter Freund

Unklar ist bei diesem Gedicht, welche Version die frühere ist: die längere hebräische oder die kürzere deutsche? Tendierte Winkler bei der Selbstübersetzung eher zur ergänzenden Ausformulierung oder zur verkürzenden Verdichtung? Welches Verhältnis zeichnet sich dabei zwischen den Sprachen ab? Obwohl Winkler seine ersten Gedichte in der deutschen Sprache schrieb, entstanden die ersten und zugleich meisten Selbstübersetzungen interessanterweise auf der Basis seiner hebräischen Gedichte. Beide Sprachen besitzen somit in Winklers Oeuvre eine gleichberechtigte originäre Stellung.

Das erste aus dem Deutschen ins Hebräische selbstübersetzte und diesbezüglich seltene Gedicht Winklers ist „Mit

---

7 Im vorliegenden Band, S. 117.

dem Meißel der Minute".[8] In seiner fast wortgenauen Übertragung fügte Winkler nur hinzu, dass er als 68-jähriger den Brief an seine Mutter „als Waise" schrieb; dadurch noch deutlicher implizierend, dass sie bereits verstorben war, als er seinen nicht enden wollenden Brief an sie verfasste. Hierbei tritt ein Merkmal seiner Selbstübersetzungen hervor: die konsequente Herausarbeitung und fortlaufende Verdichtung eines zugrundeliegenden Gedankens oder Gefühls, teils unter komplementärem Perspektivenwechsel.[9] Offensichtlich ist dabei der zugrundeliegende, nie abgeschlossene und durch Übersetzungen neu angeregte poetische Entstehungsprozess. Er könnte die mannigfaltigen Diskrepanzen erklären, die zwischen den deutschen und hebräischen Versionen der von Winkler selbst übersetzten Gedichte beobachtbar sind.

Auf einige charakteristische Unterschiede wird im Folgenden hingewiesen, zuvor aber noch eine im zeitgleichen Dialog entstandene Selbstübersetzung erwähnt. Dieses Beispiel stellt ein Paradox dar: Während die deutsche Version von „Adam schweigt oder das Altwerden" als Bearbeitung aus dem Hebräischen gekennzeichnet ist, ist dessen hebräische Version („Altern" – "להזדקן") als „Übersetzung aus dem Deutschen" ausgeschrieben.[10] Was kam also zuerst: die hebräische Henne oder das deutsche Ei? Hier löst sich der

8 Im vorliegenden Band, S. 90, bzw. 91.

9 Ähnliches ist in den verschiedenen Versionen der deutschsprachigen Gedichte zu beobachten, die Winkler oft über Jahrzehnte hinweg wiederholt bearbeitete. Monica Tempian erkennt in „solch fortlaufenden Bearbeitungen, Variationen, Umkehrungen bei motivisch verwandten Texten über viele Jahre hinweg" schon „fast Obsession". (Mail an J.K., 30.7.2022)

10 Im vorliegenden Band, S. 126, bzw. 127.

Originaltext auf zwischen den beiden, simultan entstandenen, sich erheblich voneinander unterscheidenden Versionen. In manchen Fällen, beispielsweise in „Wir aber suchen“[11], resultiert diese Art der Wechselbeziehung sogar in zwei gänzlich verschiedenen Gedichten. Eine Erklärung für diese Freiheit, die sich Winkler oft beim Übersetzen der eigenen Gedichte nahm, ist auch im zeitversetzten, konsekutiven Charakter seiner Selbstübersetzungen zu suchen. Zu erforschen wäre beispielsweise, ob die Unterschiede einer späteren Fassung zur früheren umso größer sind, je mehr Zeit zwischen beiden vergangen war. Hierzu lässt sich im vorliegenden Band beobachten, dass mit fortschreitendem Alter die Freiheit größer wurde, die sich Winkler beim Übersetzen seiner eigenen Gedichte nahm. Auf zwei Beispiele besonders freier Selbstübersetzungen aus der späteren Schaffensphase soll daher kurz etwas näher eingegangen werden.

II.

Unter den intertextuellen Bezügen in Winklers Gedichten überwiegen neben denen zu Paul Celan die zur Torah, insbesondere zu den im Buch Genesis dargestellten Mythen. Von zentraler Bedeutung ist darin die Legende der Bindung Isaaks, der sogenannten Aqeda, die in der jüdischen Überlieferung als liturgischer Text die jüdische Selbstaufopferung zugunsten ihrer traditionellen Gottesvorstellung symbolisiert.[12] Zahlreiche Deutungstraditionen binden sich

11 Im vorliegenden Band, S. 204, bzw. 205.

12 Die Aqeda steht darin zugleich, seit den mittelalterlichen Kreuzzügen, für

an diese in Genesis 22 beschriebene Episode, die nicht erst seit Aufkommen der modernen Bibelkritik als Fortschreibung eines älteren, redaktionell veränderten Textes gelesen wird, in dem die unterbundene Menschenopferung noch vollzogen wurde. Bereits der mittelalterliche Kommentator Abraham ibn Esra bezeugt diese Lesart nicht einer „Bindung" sondern Opferung Isaaks,[13] der auch Winklers Gedicht „Abraham lässt das Messer fallen" nahesteht – wenn auch in einem anderen Kontext.[14] Dieser erschließt sich im Vergleich mit der von Winkler explizit als spätere hebräische Version gekennzeichneten „Übersetzung aus dem Deutschen".

Während die hebräische Gedichtversion die Opferung Isaaks tatsächlich inszeniert, stellt die deutsche Version eine Adaption des biblischen Narrativ dar, in der Abraham zwar die Opferung beabsichtigt, dann aber in letzter Sekunde von ihr absieht – jedoch ohne die im Bibeltext eingreifende Deus ex Machina: „Abraham lässt das Messer fallen", heißt es bei Winkler, dessen Formulierung sich signifikant von den klassischen Bibelübersetzungen – von Luther bis Buber-Rosenzweig – unterscheidet. Die Wortwahl legt nahe, dass Abra-

---

das unter christlicher Verfolgung erlittene Märtyrertum und wird vor allem in orthodoxen Kreisen auch im Echo der Schoa gelesen. Hanna Liss, *Tanach – Lehrbuch der jüdischen Bibel*, Heidelberg: Winter 2008, S. 36-37. S.a. Shalom Spiegel, *The Last Trial: On the Legends and Lore of the Command to Abraham to Offer Isaac as a Sacrifice: The Akedah 1899-1984*, Woodstock: Jewish Lights Pub 1993.

13 Abraham Ibn Ezra, *Commentary on the Pentateuch*, New York: Menorah 1988, S. 227 (zu Gen. 22,19).

14 Im vorliegenden Band, S. 115.

ham seine Mordwaffe fallen ließ. Die Formulierung steht im Passiv; das Opfer wird nicht vollzogen.[15]

Das Gedicht beginnt mit einem poetischen Scherenschnitt einer an der Horizontlinie vor dem Hintergrund der Morgendämmerung schreitenden silhouettenhaften „kleinen Karawane". Es endet mit einer nicht minder kontrastreichen Nahaufnahme, in der Abrahams Arm, ausgestreckt über seinem unter ihm liegenden Sohn, das Opfermesser fallen lässt und vom Mord ablässt – ohne eine vorausgehende göttliche Intervention oder Substitution des Opfers und trotz „erhabenem Gebot" –, aus Liebe nur zu seinem Sohn. Abraham lässt das Opfern sein. Er bedarf dafür aber nicht wie in Genesis 22 eines alternativen Angebots, um seinen wie auch immer gearteten Tötungsdrang „auszuleben". Die Vorstellung des Aufopferns verschwindet im Moment des Fallenlassens, das ein Ablassen darstellt vom Vorigen – in dem von Erich Auerbach bezeichneten hintergründigen Stil der Bibel, der nur dasjenige herausarbeitet, „was für das Ziel der Handlung wichtig ist, der Rest bleibt im Dunkel". Betont würden darin nur „die entscheidenden Höhepunkte der Handlung",[16] welche Winkler aber in seinem Gedicht negiert: Im Gegensatz zur biblischen Version der Aqeda ist Isaak seinem Vater nicht gefällig, der Engel fällt aus, kein Widder findet sich zufällig

15 Zwar fällt das Messer auf die Brust Isaaks, doch von einem Schlachtmesser der Frühbronzezeit ist nicht zu erwarten, dass es sich wie ein Fallschwert verhält, wie eine Guillotine, sondern dass es sich im Fallen dreht und auf dem schwereren Teil landet, der im Griff und nicht in der Klinge liegt.

16 Erich Auerbach, „Die Narbe des Odysseus", in *Mimesis – Dargestellte Wirklichkeit in der abendländischen Literatur*, Tübingen: A. Francke 2001 (1946), S. 5-27, hier S. 14.

bereit und Abraham lässt das Schlachtmesser aus der Hand fallen, weil er wieder Gefallen an seinem einzigen Sohn findet, der ihm ja fehlen würde, falls er ihn tötete. Ein Melodrama hart an der Grenze zur Komödie.[17] In jedem Falle kann Winkler mit diesem Gedicht eine innovative poetische Deutung beanspruchen in der Fülle der Auslegungen zu dieser kontroversen und symbolträchtigen biblischen Sage. Doch seine eigene neuhebräische Übersetzung dieses Gedichts erzählt eine andere Geschichte: Unter Adaption von Zitaten des althebräischen Texts „entsendete Abraham das Messer“ nicht nur aktiv „in die Brust“, sondern direkt „in das Herz seines einzigen Sohnes“, den er zu lieben aufgehört hatte. Hier wird somit eine hebräische Gegengeschichte zur deutschen Version erzählt, die, wie noch untersucht werden müsste, teils auf einem interessanten Verwechslungsspiel zwischen dem Althebräisch und dem Neuhebräisch beruht.[18]

III.

Das Motiv der Aqeda findet sich auch in Winklers Gedicht: „מטמורפוזיס [Metamorphosis] (Die Verwandlung)“, dessen Parallelversionen nicht nur zwei gänzliche verschiedene Geschichten sondern auch Perspektiven inszenieren.[19] Während auch hier unklar ist, welche Version zuerst geschrieben

17 Vgl. Jan Kühne, „Post-Skript: Ophthalmologische Betrachtungen einäugiger Literatur“, in: Idem, *Die zionistische Komödie im Drama Sammy Gronemanns*, Berlin/Boston: De Gruyter 2020, S. 327-336, hier S. 330ff.

18 Die biblische Form für „den Du liebst“ (אשר אהבת) wird im modernen Hebräisch, dem Israelisch, als Vergangenheitsform gelesen, als: „den Du geliebt hattest“.

19 Im vorliegenden Band, S. 112, bzw. 113.

wurde, fällt im Titel auf, dass die deutsche Version eine „Variante zu ‚Die Verwandlung'" ist. Das kann sowohl als Variante zu Kafkas Kurzgeschichte „Die Verwandlung" gelesen werden, als auch zu Winklers hebräischen Gedicht, wobei nur dieses das Aqeda-Motiv aufgreift (Übersetzung J. K.):[20]

METAMORPHOSIS (Die Verwandlung)
Abends im Zimmer
kriecht
an der Wand
ein ungeheures Ungeziefer.
Vor der Tür wartet sein Vater, der zählt nicht
der lauert –
der Bürge dieses schicksalhaften Moments
die Frucht in der Hand
die verfaulte Frucht der Erkenntnis und des Erachtens
schwarz sein Bart, verzwirbelt
der Vater, steht bereit
zu töten.

Ähnlich seiner zwei oben erwähnten Aqeda-Adaptionen hat Winkler hier wiederum die Peripeteia, den dramatischen Wendepunkt eines Vater-Sohn Konflikts – diesmal von Kafkas „Die Verwandlung" – poetisch festgehalten. Die deutsche Version hingegen nimmt nicht die Perspektive des Vaters ein, sondern die des Sohnes, Gregor Samsa. Nur im Vergleich mit

20 Das Verwandlungsmotiv von Kafka taucht in weiteren Gedichten auf, bspw. in: „Ich glaube zu dichten" und „Die Zweite von Mahler". Winkler, *Haschen nach dem Wind* (wie Anm. 1), S. 405, 455.

der hebräischen Version lässt sich erahnen, dass es sich bei der in der deutschen Version dargestellten Szene vielleicht um jenen „schicksalhaften Moment“ am Ende des dritten Teils der berühmten Kurzgeschichte Kafkas handelt, in der Gregors Vater seinen zu einem Ungeziefer mutierten Sohn „Apfel für Apfel“ bewirft, woran dieser später sterben wird. Auch hier ist der Vergleich zwischen den Versionen aufschlussreich und ermöglicht gänzlich neue Lesarten der Selbstübersetzungen, die der isolierten Lektüre vorbehalten blieben.

Zwar kann und muss prinzipiell jedes Gedicht zunächst für sich gelesen werden, doch nur im Vergleich der in diesem Band versammelten selbstübersetzten Gedichtversionen erschließt sich das vielfältige und nuancenreiche, deutsch-hebräische Selbstgespräch Manfred Winklers. Zwar sind überwiegend Diskrepanzen zwischen Bedeutungsverschiebungen, Narrativen und Perspektiven zu beobachten, doch das zweisprachige Selbstgespräch findet auch auf der klanglichen Ebene statt. Beispielsweise stellt die hebräische Version von „Suchen“, das auf Edgar Allan Poes berühmtes Gedicht „The Raven“ anspielt, einen Gleichklang her zwischen dem „grauen Raben (*ha'Orév ha'Affór*)“ und „Nevermore“.[21] Dieser hebräisch-englische Gleichklang fehlt in der deutschen Version und lässt daher den Rückschluss zu, dass die hebräische Version die frühere sein könnte. Mit anderen Worten, selten kann man sich beim Lesen von Winklers selbstübersetzten Gedichten sicher sein, ob es sich jeweils um die frühere oder spätere Version handelt, noch dass sich beide

21 Im vorliegenden Band, S. 61.

Versionen inhaltlich entsprechen oder die einzigen Versionen darstellen. Winklers Metapher des eingeschneiten Jerusalem bemühend: Nie kann man sich beim hermetischen Lesen seiner Selbstübersetzungen sicher sein, ob nicht, wie unter einer Schneedecke, nur die Konturen des darunter Liegenden vage zu sehen sind, oder gar etwas gänzlich anderes.

„An einem eingeschneiten Tag in Jerusalem" kann somit auch als Metapher für Winklers *conditio translatio* gelesen werden: „Eingeschneit für weitere tausend Jahre", heißt es dort, „leben sie belagerungswillig", worunter wir hier Winklers Texte verstehen, die „im Leuchtturm einer ewigen Liebe" eingeschneit sind, „ohne sich selbst zu kennen".[22] Erst in der Selbstübersetzung, die auch als die Schmelze besagter metaphorischer Schneedecke verstanden werden kann, lernen sich Winklers Texte jenseits ihrer selbst kennen. In einem anderen Gedicht Winklers beispielsweise als „Einzigartigkeit eines Gefühls von Tausenden", als lyrische Nabelschau, als reziproke und komplementäre „Selbstverliebtheit die jedes Maß verloren hat." Die subtile Selbstironie dieses (nicht selbstübersetzten) deutschsprachigen Gedichts liefert einen weiteren Schlüssel zu Winklers freien Selbstübersetzungen und soll hier daher in der abschließend hinzugefügten hebräischen Fremdübersetzung nicht vorenthalten werden:[23]

22 Das Gedicht steht in Dialog mit Jehuda Amichais „Jerusalem, Hafenstadt der Ewigkeit" und ist das einzige, das in Winklers Oeuvre explizit auf den dem Judentum zugrundeliegenden Kulturtransfer mit der griechischen Kultur verweist.

23 Winkler, *Haschen nach Wind* (wie Anm. 1), S. 529. Übersetzung J.K., Lektorat Shimon Adaf.

Plötzlich ist ihm alles zuwider
dein Gedicht sein Gedicht ihr Gedicht das Gedicht
alles jedes Gedicht, auch „Über allen Gipfeln".
Er fühlt nicht mehr den Zauber der Worte
Ja Worte, er möchte sich übergeben wenn er sie hört,
wenn er an sie denkt
Wieviel Überheblichkeit, jeder glaubt einzigartig zu sein –
das Herz der Welt. Widerlich zu lesen
diese Wortschreiberei, Treiberei
diese Einzigartigkeit eines Gefühls von Tausenden
diese Selbstverliebtheit die jedes Maß verloren hat,
um zum Schluss einzugestehen dass
die eigentliche Pointe dieses Gedichtes
er selber ist, d. h. ich

פִּתְאוֹם הַכֹּל נִמְאָס לוֹ
הַשִּׁיר שֶׁלְּךָ הַשִּׁיר שֶׁלּוֹ הַשִּׁיר שֶׁלָּהּ הַ־שִּׁיר
הַכֹּל שִׁיר וְכָל הַשִּׁיר, אֲפִלּוּ "מֵעַל כָּל הַפְּסָגוֹת".
נֶעְלַם לוֹ הַקֶּסֶם שֶׁבַּמִּלִּים
מִלִּים, כֵּן, בָּא לוֹ לְהָקִיא כְּשֶׁהוּא שׁוֹמֵעַ אוֹתָן
כְּשֶׁחוֹשֵׁב עֲלֵיהֶן
כַּמָּה יְהִירוּת: כֻּלָּם חוֹשְׁבִים שֶׁהֵם יְחוּדִיִּים
מֶרְכַּז הָעוֹלָם. דּוֹחֶה
לִקְרֹא כַּתְּבָנִיּוֹת הַמִּלִּים הַזּוֹ, דַּחֲפָנִיּוֹת הַמִּלִּים
יְחוּדִיּוּתָהּ הַזּוֹ שֶׁל הַרְגָּשָׁה שֶׁל אֲלָפִים
הָאַהֲבָה הָעַצְמִית הַזּוֹ שֶׁאִבְּדָה אֶת כָּל מִדָּה
רַק כְּדֵי לְהוֹדוֹת בַּסּוֹף
שֶׁהַשּׁוּרָה הַתַּחְתּוֹנָה הָאֲמִתִּית שֶׁל הַשִּׁיר הַזֶּה
הִיא הוּא עַצְמוֹ, דְּהַיְנוּ אֲנִי

Jan Kühne

Editorische Notiz

Die vorliegende Leseausgabe vereinigt erstmals die bislang nur fragmentarisch vorhandene mehrsprachige – auf Deutsch und Hebräisch – verfasste Lyrik Manfred Winklers und schafft damit die Basis für einen umfassenden Vergleich seiner beiden poetischen Ausdrucksmodi. Die Edition ist daher von großem Wert sowohl für die interkulturell orientierte Germanistik und den rezent etablierten Bereich der German-Hebrew Studies, wie auch für das traditionsreiche Fach der Jewish Studies und die Zeitgeschichte. Angesichts des wachsenden Interesses an mehrsprachiger, dialogischer Literatur und deren Relevanz im heutigen transnationalen Kontext, wo Sprachidentitäten, Transferprozesse und transkulturelle Verflechtungen intensiv diskutiert werden, ist ein wichtiger Beitrag der deutsch-hebräischen Leseausgabe weiterhin darin zu erblicken, dass sie exemplarisch veranschaulicht, wie im Spannungsfeld zwischen den Literatur-Sprachen ein sprachästhetischer, -politischer und -theoretischer Raum entsteht, der vom multilingualen Autor im Laufe der migrationsbedingten Transferprozesse unterschiedlich besetzt, thematisiert, verwendet, und neu verortet wird. In diesem Sinne ist die Edition als eine aussagekräftige Quelle für Winklers Einsatz als Mittler zwischen den Kulturen, ebenso für den Beitrag deutschsprachiger Autoren zur Formung der geistigen Kultur in Israel zu betrachten.

Die Leseausgabe präsentiert die zweisprachig verfassten Gedichte Manfred Winklers in parallelen Versionen. Die zusammengetragenen Texte sind chronologisch angeordnet, soweit das nach dem derzeitingen Stand der Forschung möglich ist. Die Sammlung umfaßt damit den gesamten Zeitraum von Winklers literarischer Tätigkeit in Israel 1959-2014. Neben den zu Lebzeiten des Lyrikers in hebräischer Originalfassung veröffentlichten Gedichten und deren deutschen Fassung, wurden die Manuskripte und Typoskripte der Selbstübersetzungen und Nachdichtungen Winklers aus dem Münchner IKGS-Nachlass herangezogen. Die Gedichte wurden in vier Sektionen zusammengefasst: Auf die Gedichte der hebräischen Anfänge in zweisprachiger Fassung (veröffentlicht in den Einzelbänden שירים [Gedichte], 1965 und בין אצבעות העיר [Zwischen den Fingern der Stadt], 1970), folgen in Sektion II die Gedichte der Reifezeit (veröffentlicht in den Einzelbänden עפר בעמות [Staub in Konfrontation], 1979 und בצל העקרב [Im Schatten des Skorpions], 1988) und in Sektion III die zweisprachigen Gedichte aus dem vom Dichter selbst als große Werkauswahl konzipierten Band ספירה לאחור – Count Down. Selected Poems 1960-2000 [Rückwärts zählend. Ausgewählte Gedichte 1960-2000], 2000. Am Schluß stehen in Sektion IV die unpublizierten Gedichte aus dem Nachlass, die in zweisprachiger Fassung erhalten sind. Abgerundet wird diese Sektion durch eine Selektion verstreuter Gedichte, Fragmente und Skizzen, die dem Leser Einblick in die poetische Werkstatt Manfred Winklers und den von tiefgehenden Einschnitten und Wenden begleiteten kreativen Prozess geben. Der Blick in die erhaltenen Manuskripte offenbart ein poetologisch reflektiertes Schreiben und eine bemerkenswerte ästhetische Sensibilität:

Auf die erste, meistens in einem Zug entstandene Fassung eines Gedichts folgte ein oft tage-, wochen-, ja sogar jahrelanges Feilen an der Sprache, das wohl am treffendsten mit dem Gestalten des Bildhauers vergleichbar wäre, der Winkler ja auch war. Von etlichen Gedichten sind zwei, von anderen bis zu acht Fassungen erhalten. Das Verhältnis zwischen dem vom Dichter zur Publikation autorisierten Werk und dem unveröffentlicht gebliebenen Material dokumentiert den hohen Anspruch, den er an seine Lyrikproduktion gestellt hat. Unpublizierte Gedichte, Skizzen und Fragmente sind aus allen Schaffensphasen erhalten; da Winkler aber entschieden mehr ein kreativer als ein ordnungsbeflissener Geist war, bedeutet das unpublizierte Verbleiben von Texten im Wust seiner Schubladen nicht unbedingt, dass er sie verworfen hätte, nur hat er diese nicht einer Bearbeitung für die Publikation unterzogen und somit letztgültig autorisiert. Anders wiederum, im Falle von Gedichten wie „Mein Amen steht am Anfang der Vergangenheit“ oder „Seltsame Wiederbegegnung“, hat er einzelne Strophen oder Sektionen der ersten Fassung als eigenständige Gedichte publiziert. Da viele der Texte in Sektion IV weder datiert, noch durch die Art der Überlieferung exakt datierbar sind, wurde, soweit erkennbar, die zyklische Anordung der Texte in den Nachlass-Konvoluten als Orientierungshilfe genutzt. Die hier gewählte Reihenfolge kann also keine verbindliche Aussage über den Entstehungszeitpunkt der einzelnen aus dem Nachlass publizierten Gedichte darstellen. Den Gedichtkorpus begleiten eine Einleitung und eine editorische Notiz von Monica Tempian wie auch ein Nachwort von Jan Kühne. Einleitung und Nachwort führen zum Autor und seinem mehrsprachigen Lyrikwerk hin. Ein erheblicher Teil des Bandes besteht aus noch nie gedruckten deutschen Selbstübersetzungen, Nachdichtungen und Bearbeitungen Winklers aus dem Hebräischen. Wo der Autor deutsche Nachdichtungen nach den zuvor hebräisch verfassten Gedichten in seinen sparsamen Eigenannotationen als solche kenntlich gemacht hat, wurde das mit in die Sammlung aufgenommen. Ebenso, in den wenigen Fällen, wo der Autor den umgekehrten Weg begangen hat, d.h. eine deutsche Originalfassung ins Hebräische übersetzt und mit der entsprechenden Anmerkung erkennbar gemacht hat, wurde die Eigenannotation des Dichters am Ende des hebräischen Textes erwähnt. Bemerkenswert für Winklers Selbstübersetzungspraxis ist das Vorkommen sowohl der verzögerten als auch der simultanen Selbstübersetzung. Das Ergebnis ist ein facettenreiches Spektrum an Variationsmöglichkeiten in den deutsch-hebräischen Fassungen, das im Nachwort zu dieser Edition eingehend erläutert wird.

Wenn der Dichter dasselbe Gedicht in mehrere seiner hebräischsprachigen Bände aufgenommen hat, bisweilen auch unter verändertem Titel, haben wir es im zyklischen Kontext seiner Erstveröffentlichung belassen, also der früheren Version den Vorzug gegeben. Von den zahlreichen Varianten, die von den deutschsprachigen Texten überliefert sind, wurde – mit Ausnahme der Texte in Sektion IV „Späte verstreute Gedichte, Skizzen und Fragmente" – der erkennbar letzten von Winkler autorisierten Fassung der Vorzug gegeben. Die Mitteilung von Varianten – damit auch der Wiederabdrucke in den späteren Bänden – die eines ausführlichen

Kommentars bedürfte, muss einer historisch-kritischen Ausgabe vorbehalten bleiben. Für insgesamt vier vom Autor selber als deutsche Nachdichtungen annotierte und in der großen kommentierten Edition *Manfred Winkler. Haschen nach Wind. Die Gedichte* aus dem Nachlass veröffentlichte Gedichte, konnte die hebräische Originalfassung nicht ermittelt werden. Die Texte („Als die Frau vor ihm stand", „Komm, lass uns wieder Bäume sehen", „Meereslippen" und „Schreiber von Gedichten, Dichter") wurden daher im vorliegenden Band ausgelassen.

Die Rechtschreibung und Interpunktion des Autors wurde in der Leseausgabe im Grundsatz beibehalten, auch wenn sie von den gegenwärtigen Regeln abweicht. In Fällen uneinheitlicher Rechtschreibung im Deutschen (bisweilen innerhalb desselben Gedichts), wie z.B. „ss"/„ß" und „t"/„th" wurde der heutigen Norm der Vorzug gegeben. Offensichtliche Irrtümer und Druckfehler in den veröffentlichten Texten wurden stillschweigend korrigiert. Ebenso wurden in den hebräischsprachigen Texten Diakritika, sogenannte Niqqud-Zeichen, ergänzt oder korrigiert. Da Gedichttitel im Hebräischen gemeinhin nicht punktiert werden, wurden in den Titeln keine Niqqud-Zeichen benutzt.

Bleibt noch der Dank, den die Herausgeber all denen aussprechen möchten, die das Vorhaben tatkräftig, ideell und auch finanziell unterstützt haben. An erster Stelle danken wir dem Institut für deutsche Kultur und Geschichte Südosteuropas (IKGS) an der Ludwig-Maximilians-Universität München, seinen früheren und heutigen Mitarbeitenden. Manfred

Winklers Sprachkunst wäre wohl lange unentdeckt geblieben ohne den Einsatz seines als Schriftstellerkollege schon 1956 bekannt gewordenen Siebenbürger Freundes Hans Bergel. In seiner Rolle als Vorstandsmitglied des Südostdeutschen Kulturwerks und des IKGS hat Bergel sich darum bemüht, Winklers Dichtung in Zusammenarbeit mit den Verlagen Rimbaud und Noack Block/Frank & Timme dem deutschen Publikum näher zu bringen. Auch war er der Initiator der Überführung von Winklers Vorlass ins Archiv des IKGS. Die postume Bergungsaktion des Nachlasses wurde anschließend von seinem langjährigen Freund Prof. em. Dr. Hans-Jürgen Schrader in Gang gebracht. Sie war zweifellos nur dank seiner unermüdlichen Bemühungen wie auch des engagierten Einsatzes der Dichterkollegen und -kolleginnen im Jerusalemer LYRIS-Kreis, namentlich der Maler-Poetin Yvonne Livay, und des gemeinsam mit der Witwe und Enkelin des Dichters, Herma Winkler und Maja Hoffman, um Sichtung, Packen und Versand besorgten Lyriker-Wissenschaftlers und Mitherausgebers dieser Ausgabe Dr. Jan Kühne möglich. Am IKGS haben, ideell oder durch Bereitstellung der erforderten Mittel, Dr. Florian Kührer-Wielach, Dr. Enikő Dácz und Helene Dorfner mitgeholfen, das Winkler-Archiv im Jahr 2016 auf über 5000 Dokumente zu vervollständigen. Monica Tempian hat sich dank zweier Forschungsstipendien des IKGS, bzw. des DAAD mit der Nachlasserschließung befasst. Ein University Research Fund der Victoria University of Wellington hat anschließend ihre Zusammenarbeit am hebräischen Gedichtkorpus mit dem hebräischsprachigen wissenschaftlichen Mitarbeiter Rick Sahar an der Victoria University of Wellington maßgeblich gefördert. Wir danken den Kollegen und Kolleginnen an der National Library of Israel, an der Victoria University of Wellington und im Archiv des Münchner IKGS, ebenso der wissenschaftlichen Mitarbeiterin Nora Guzu für die Erstellung digitaler Forschungsmaterialien und deren Bereitstellung während der Corona-Pandemie. Weiterhin danken wir den freundlich anteilnehmenden Verlegern von Edition Faust in Frankfurt am Main und den Kollegen und Kolleginnen im IKGS München, insbesondere Dr. Florian Kührer Wielach, Jana Augustin und Helene Dorfner, für ihre engagierte Beratung. Für das Lektorat der hebräischsprachigen Gedichte in Sektion IV danken wir Associate Professor Shimon Adaf von der University of the Negev in Beer Sheva. Für Hilfe und geduldig-engagierte Beratung danken wir Prof. em. Dr. Hans-Jürgen Schrader von der Université de Genève. Weiterhin möchten wir den Nachwuchswissenschaftlerinnen an der Victoria University of Wellington, Courtney McDonald und Mariama Diallo, für wertvolle Anregungen danken. Dem israelischen Verlag Carmel Publishing danken wir für freundliches Entgegenkommen bei der Abgeltung der Lizenzrechte an den Gedichten.

Nicht zu ermöglichen gewesen, wäre die Ausgabe ohne großzügige finanzielle Unterstützungen. Dafür danken wir der Victoria University of Wellington, der Irene Bollag-Herzheimer-Stiftung in Basel sowie, ein weiteres Mal, dem IKGS in München.

Monica Tempian

Bildnachweise

Einbandgestaltung unter Verwendung einer Collage von Manfred Winkler. Archiv des Instituts für deutsche Kultur und Geschichte Südosteuropas e. V. (IKGS), München.

Abbildungen im Buch

S. 26 Manfred Winkler: Selbstporträt. Archiv des IKGS, München.

S. 58 Manfred Winkler: Olivenbaum. Archiv des IKGS, München.

S. 88 Manfred Winkler: Kind. Archiv des IKGS, München.

S. 160 Manfred Winkler: Herzgesicht. Davidstern. Archiv des IKGS, München.

S. 224-225 Manfred Winkler: Vor einem Bild – Entfremdung. Archiv des IKGS, München.

S. 232 Manfred Winkler: Wer ein Haus heute baut. Archiv des IKGS, München.

S. 233 Manfred Winkler: Ora war sehr schön. Archiv des IKGS, München.

Die Herausgebenden

Jan Kühne, geboren 1978 in Dresden, lebt in Jerusalem. Studium der Kulturwissenschaften, Judaistik und Theaterwissenschaft in Heidelberg, Wien und Jerusalem. Promotion an der Hebräischen Universität. Post- Doc Fellow an der Martin-Buber-Society und im Israeli Institute for Advanced Studies. Forscht derzeit zur deutsch-hebräischen Poetik literarischer Mehrsprachigkeit als Affiliated Researcher des Franz Rosenzweig Minerva Forschungszentrums der Hebräischen Universität in Jerusalem. Zahlreiche akademische Veröffentlichungen, zuletzt: *Die zionistische Komödie im Drama Sammy Gronemanns* (2020).

Monica Tempian, geboren 1972 in Neumarkt (Rumänien), lebt in Wellington (Neuseeland). Studium der Germanistik und Anglistik in Klausenburg. Promotion 2002 im Rahmen eines internationalen Austauschs mit der Université de Genève. Seit 2006 Dozentin für Deutsche und Europäische Studien an der Victoria University of Wellington. Forschungsschwerpunkte: deutsch-jüdische Literatur und Kultur; Exilforschung; deutschsprachige Literatur des osteuropäischen Raumes. Zahlreiche akademische Publikationen, zuletzt: *Maria Dronke. Glimpses of an Acting Life* (2020). Herausgeberin (mit Hans-Jürgen Schrader) der deutschsprachigen Lyrik Manfred Winklers in der kommentierten Ausgabe *Haschen nach Wind. Die Gedichte* (2018).